Navegando a través del tiempo

Eric Jones

Dedicatoria

La vida puede ser gratificante y, a veces, compleja. Quiero dedicar este libro a todas las mujeres fuertes que han contribuido a forjar mi vida.

Tuve una educación muy humilde, y mi abuela siempre fue alguien que estuvo diligentemente de mi lado. Su fuerza, sabiduría y dedicación a la familia era inigualable.

Intento seguir el ejemplo de mis abuelos porque estoy a hombros de gigantes, y sigo adelante cada día, sabiendo que viven dentro de mí. Al escribir este libro, quería mantener una conversación con el mundo a través de la perspectiva de encontrarse a uno mismo e identificar lo que es importante y cómo podemos viajar a través del tiempo de manera que esta vida cuente.

He sido bendecido con una buena familia y unas hijas fuertes que siempre serán mis defensoras, y espero que algo de lo que contengan estas páginas marque una diferencia en la vida del lector, de modo que pueda encontrar la dirección, la satisfacción y la plenitud que yo tardé mucho en aprender.

Todos estamos en el reloj mientras navegamos por el tiempo en una montaña rusa imaginaria que puede acelerarse o ralentizarse. A veces está llena de baches, pero dependiendo de nuestras elecciones, puede ser suave mientras nos lleva al siguiente plano de existencia. Te agradezco el tiempo y el esfuerzo que has dedicado a este viaje, y espero que lo hayas aprovechado bien.

Índice

Capítulo 1: Introducción

Todos navegamos por el tiempo. El péndulo del reloj oscila mientras cada segundo pasa en un abrir y cerrar de ojos. Los momentos a tu alcance se pierden y caducan como granos de arena que caen por tus dedos abiertos. En cierto modo, estos momentos contienen oportunidades perdidas en tu vida para reflexionar e invertir de un modo que te permitiría alcanzar un propósito y una realización más elevados. A veces, darse cuenta de ello puede hacer que una persona desee volver y vivir esos momentos de otra manera. De vez en cuando, la mayoría de nosotros miramos atrás a momentos perdidos impregnados de oportunidades y nos damos cuenta de que no podemos recuperar el tiempo que ya ha transcurrido. Todos controlamos cómo avanzamos y, en consecuencia, cómo aprendemos y crecemos.

El contenido de este libro está diseñado para ayudarle a descubrir las decisiones que contribuyen al carácter y al proceso de toma de decisiones de cada uno, así como a identificar qué factores podrían conducir a un mayor nivel de realización.

La plenitud está relacionada con nuestra vida actual; puede definirse como la forma en que ejecutamos nuestro estilo de vida o empleamos nuestro tiempo. Nuestros valores a veces guían las expectativas y las imágenes de cómo nos vemos a nosotros mismos y cómo la cadencia y los adornos de la vida se enredan con nuestra imaginación. El resultado es que empezamos a imaginar cómo podría ser la plenitud, y si no podemos alinear esa visión con la realidad, podría causar cierta ansiedad y fatiga vital. Quiero que sepas que tienes el poder y la responsabilidad de llevar y dar forma a tu vida de una manera que sea significativa para tu proceso de pensamiento y tu alma de tal manera que se alinee con tus valores personales. Espero que explorar esta alineación te ayude a alcanzar más plenitud en la vida en lo que se refiere a realización y satisfacción. En cada individuo se encuentra un ser espiritual y físico, y se les ve viviendo dos vidas simultáneamente, una en la imaginación, dentro de su mente, y otra en el mundo físico. El poder de elección y la conciencia les han permitido la capacidad de reflexionar e identificar sus deseos, que tratan de satisfacer en el mundo físico para vivir una vida plena y saludable.

La definición de una vida progresiva o de un estilo de vida mejor depende de la capacidad de cada ser humano para observar el mundo y saber lo que busca en su vida. Un ser espiritual y físico tiene la capacidad de comprender la diferencia entre su estado actual y el deseado; esto le permite reconocer sus deseos y sueños.

La búsqueda de los propios valores ayuda a establecer objetivos para cumplirlos dentro del plazo que se han planteado, lo que puede generar satisfacción. Sin embargo, la incapacidad de cumplirlos en el tiempo deseado lleva a experimentar frustración, estancamiento y estrés vital, lo que podría contribuir al descontento. Todos tenemos una vida, y a mí personalmente me gustaría aprovechar al máximo esta experiencia. En lugar de aceptar la exasperación o la derrota, podemos explorar cómo cambiar de mentalidad y centrarnos en lo importante.

Una persona normal que está contenta con su vida y su

progreso puede no tener la necesidad de ser proactiva, pero muchos de nosotros reconocemos que, si la vida pudiera afinarse o ajustarse sólo un poco, entonces tal vez obtendríamos una mejor recepción y tendríamos una mejor experiencia en general. Esto puede lograrse para los individuos que pueden percibir el mundo interior conscientemente, porque pueden utilizar el poder del análisis para comprender el manual de instrucciones necesario para completar el trabajo de obtener la plenitud. El análisis es la raíz del conocimiento y la curiosidad por buscar la verdad, que da origen a la filosofía. La filosofía es construir una comprensión de tu mundo interior y exterior para tomar decisiones acertadas, vivir conscientemente y resistir el impulso de permanecer en modo piloto automático.

¿Qué es la filosofía?

La filosofía, una búsqueda intelectual de notable profundidad y amplitud, puede definirse como el examen disciplinado y metódico de cuestiones fundamentales que se encuentran en el núcleo de la existencia humana. En otras palabras, la búsqueda de la verdad para comprender la naturaleza de las cosas que nos rodean y su interacción con nosotros en el mundo físico es una actividad que, enraizada en la indagación racional, se aventura en los dominios de la ontología, la epistemología, la ética y la metafísica, desentrañando la intrincada conexión de la realidad, el conocimiento, la moral y los misterios de nuestra experiencia humana compartida.

Mediante el empleo de las formidables herramientas del pensamiento crítico, el razonamiento lógico y el análisis meticuloso, la filosofía se embarca en una búsqueda para desentrañar las escurridizas verdades ocultas bajo nuestra conciencia consciente.

Metafísica

La metafísica explora en profundidad las cuestiones fundamentales sobre la naturaleza de la propia realidad. La metafísica se permite indagar sobre la existencia de Dios, la naturaleza esquiva de la verdad e incluso la enigmática relación entre mente y cuerpo. Con audacia y curiosidad intelectual, la metafísica trata de descubrir los principios y estructuras subyacentes que dan forma a los aspectos físicos y no físicos de nuestro mundo. Prepárate para adentrarte en los misterios del corazón de la existencia.

Epistemología

La epistemología, conocida como el estudio del conocimiento, se ocupa de las cosas y su entorno. Además, responde a cómo podemos adquirir conocimientos. Los epistemólogos se esfuerzan por comprender la naturaleza del conocimiento y utilizan su mentalidad exploradora para buscar lo que desconocen.

Su afán por adquirir conocimientos les ayuda a entender las cosas y a determinar su autenticidad. A menudo se descubren a sí mismos en el laberinto de la duda incluso con el conocimiento adquirido; sin embargo, ésa es la esencia misma de la lucha por el conocimiento.

Ética

La ética, considerada sinónimo de moral, se centra en la capacidad de una persona para adoptar un comportamiento ideal. La ética nos invita a contemplar las cuestiones intemporales de lo correcto o lo incorrecto, lo bueno o lo malo, y cómo nos gustaría vivir idealmente. Queremos arrojar luz sobre los entresijos del comportamiento humano y sus efectos al recorrer los múltiples paisajes de los principios morales y las teorías éticas. La ética debe ser una brújula que nos guíe por el difícil terreno de la toma de decisiones morales y nos ayude a mejorar nuestro mundo y el de los demás.

Lógica

La lógica puede definirse como el estudio sistemático y la aplicación del razonamiento y la inferencia válida. Es la disciplina que investiga los principios y reglas que rigen un pensamiento correcto y coherente. En esencia, la lógica pretende establecer un marco para evaluar argumentos, determinar su validez o invalidez y valorar la solidez de las conclusiones.

La lógica proporciona un conjunto de herramientas y métodos para analizar y evaluar la estructura y coherencia de los argumentos. Examina los fundamentos del pensamiento deductivo e inductivo y cómo las conclusiones lógicas se derivan de las premisas. El razonamiento inductivo incluye el desarrollo de generalizaciones basadas en observaciones o datos particulares, mientras que el razonamiento deductivo consiste en derivar conclusiones específicas a partir de principios o premisas generales. La lógica puede explicarse como la actividad de llevar a cabo el proceso de razonamiento de acuerdo con los principios de validez que entiende la mente típica.

Lógica e inteligencia emocional

El análisis de la interacción entre la lógica y la inteligencia emocional revela su naturaleza complementaria en el fomento de relaciones sanas. La lógica, en su forma más pura, es un marco fundacional que puede servir de apoyo a la inteligencia emocional, permitiendo a las personas navegar eficazmente por sus emociones e interacciones interpersonales.

La lógica proporciona una perspectiva analítica a través de la cual pueden comprenderse y gestionarse las emociones. Al emplear el pensamiento lógico, los individuos pueden evaluar críticamente sus respuestas emocionales y valorar su validez en diferentes situaciones. Este proceso implica reconocer los factores subyacentes que desencadenan determinadas emociones y examinar los pensamientos y creencias asociados. Mediante el análisis lógico, se pueden identificar patrones, sesgos y distorsiones cognitivas que pueden influir en las reacciones emocionales. Esta mayor conciencia de uno mismo mejora la inteligencia emocional al fomentar una comprensión más profunda del propio paisaje dinámico. La lógica desempeña un papel crucial a la hora de interpretar y responder a las emociones de los demás.

Al emplear el razonamiento lógico, los individuos pueden empatizar con diferentes perspectivas, lo que permite una comprensión emocional más precisa y sensible. El pensamiento lógico facilita la capacidad de analizar objetivamente las señales verbales y no verbales, descodificar las expresiones emocionales y discernir las motivaciones o necesidades subyacentes a las emociones de alguien.

Esta empatía lógica permite a los individuos responder adecuadamente, proporcionando validación, apoyo y comprensión a los demás en sus experiencias emocionales.

Desarrollar y mantener buenas relaciones a lo largo del tiempo requiere inteligencia emocional. Incluye la capacidad de ser consciente, comprender y controlar las propias emociones y ser consciente y comprensivo con las emociones de los demás. Las personas con inteligencia emocional pueden resolver mejor las disputas, comunicarse con claridad y fomentar el respeto y la confianza.

El equilibrio armónico en las relaciones puede lograrse integrando la lógica y la inteligencia emocional. El pensamiento lógico ayuda a regular las emociones, evitar reacciones impulsivas y fomentar respuestas reflexivas. Permite a los individuos abordar las situaciones emocionales con claridad y razonar, minimizando los malentendidos y la escalada del conflicto. Al mismo tiempo, la inteligencia emocional fomenta la compasión, la empatía y la sensibilidad, creando un entorno seguro y de apoyo en el que se valora y comprende la expresión emocional.

Filosofía e Historia

La filosofía y la historia se asemejan en su afán por comprender y adquirir conocimientos. Se podría decir que la comprensión de la historia, en sí misma, es una labor filosófica. Estos dos ámbitos intelectuales se conectan en una animada colaboración de conocimiento y comprensión. Imaginémoslos como dos fuerzas que exploran los vastos corredores del pensamiento humano, abarcando el pasado y el presente para iluminar los misterios de la existencia. La Historia, como un avezado narrador, desvela los relatos distintivos de épocas pasadas, ofreciéndonos una visión de las mentes y reflexiones de nuestros predecesores. Proporciona una plétora de asociaciones que invitan a la reflexión, permitiéndonos ser testigos de las luchas lógicas, las revoluciones conceptuales y las grandes ideas filosóficas que han dado forma a nuestro mundo.

Cuando los filósofos se sumergen en las profundidades de las investigaciones metafísicas, la historia les recibe con los brazos abiertos, susurrándoles los secretos de Aristóteles, Descartes y otras innumerables luminarias filosóficas. Se convierte en una nave que viaja en el tiempo y nos transporta a las antiguas civilizaciones, cuando las búsquedas filosóficas empezaron a tomar forma. A cada paso por los corredores del tiempo, nos encontramos con gigantes intelectuales que se enfrentan a cuestiones fundamentales y nos sirven de trampolín para nuestras exploraciones filosóficas. Pero la historia no es una mera compañera de la filosofía. Es una compañera que complementa nuestra comprensión y alimenta nuestro razonamiento. Ofrece un abanico de ideas, retos y triunfos del pasado que insuflan vida a nuestro discurso filosófico contemporáneo. Al estudiar los triunfos y las tribulaciones de quienes nos precedieron, apreciamos más profundamente las batallas intelectuales que libraron, los contextos culturales que dieron forma a sus ideas y la relevancia intemporal de sus aportaciones.

La historia confiere a los argumentos filosóficos el peso de la evidencia empírica. Se convierte en el laboratorio donde se ponen a prueba las teorías, se refinan las ideas y se cuestionan las hipótesis. Al profundizar en los acontecimientos históricos y sus ramificaciones, la filosofía encuentra ejemplos del mundo real para apoyar o cuestionar conceptos abstractos. Se convierte en un campo de juego para el pensamiento crítico, las evaluaciones éticas y los entresijos de la existencia humana.

El vínculo entre Filosofía e Historia puede considerarse un esfuerzo académico y un fascinante viaje intelectual que ilustra vívidamente la intrincada interacción de ideologías, civilizaciones y corrientes intelectuales. Juntas, forman un dúo dinámico que enriquece nuestra comprensión del mundo y de nosotros mismos. La filosofía se inspira en el manantial de sabiduría de la historia, mientras que la historia adquiere un contexto a través de la investigación filosófica. En este vals de exploración intelectual, la filosofía y la historia se alían para desvelar la belleza y la complejidad de la experiencia humana. Nos recuerdan que nuestras preguntas, dilemas y búsqueda de sentido han sido reflexionados por grandes mentes a lo largo de la historia. Nos hacen comprender que todos tenemos esa pulsión por conocer y comprender el mundo que nos permite observar nuestro entorno desde varias perspectivas, lo que a la larga nos da más margen para llegar a una conclusión diversa sobre las personas y las cosas que nos rodean.

Filosofía y sabiduría

Este campo suele considerarse sinónimo de sabiduría; la sabiduría se define como la búsqueda de la comprensión del mundo a través de la observación, los sentidos y las experiencias propias y ajenas. Por lo tanto, toda persona sensata puede llamarse filósofa por su perspectiva única del mundo, que heredó de sus experiencias y de los conocimientos que concibió de sus fuentes. Esas experiencias contribuyen a las opiniones sobre distintos conceptos y paradigmas de la vida, que a veces se utilizan como base para tomar decisiones morales y encontrar la paz en la vida.

Nuestras experiencias y puntos de vista sobre la paz y la moral han dado lugar al fino sistema de justicia y a la ley de concesión de castigos a los maltratadores o delincuentes. El mundo está gobernado o moldeado por nuestras filosofías, que pueden modificarse debido a nuestras diferentes experiencias. Sin embargo, la mayoría de las veces, nuestras perspectivas y opiniones coinciden porque las circunstancias con las que nos encontramos exigen una toma de decisiones basada en la ética, la lógica y la comprensión. Nuestra existencia puede describirse como sinónimo de comunicación, ya que nos relacionamos con entidades animadas e inanimadas, visibles e invisibles.

El conocimiento que adquirimos procede de nuestra capacidad para conversar y comprender mensajes verbales y no verbales. Estos diálogos sirven de catalizadores para ampliar nuestra mentalidad, captar la esencia de la realidad y perseguir la búsqueda de la verdad. Estos intercambios han impulsado la evolución de la ética y la filosofía, suscitando debates y dando forma a opiniones sobre el concepto de castigo. Tomemos el ejemplo de una persona que ha sufrido un robo. La mayoría de nosotros opina que el ladrón debe ser castigado. Debido a nuestra experiencia de sufrir por culpa de otros y de pasar por ello, sentimos y percibimos que los delincuentes deben dar la cara. Por otro lado, también hay algunos que se centran en comprender la mentalidad del culpable en lugar de castigarlo, con el objetivo más amplio de mejorar el sistema y la raza humana.

Aunque todos tenemos la propensión a ser filosóficos, nuestras filosofías difieren en función de la experiencia.

Todo, desde cómo vivimos hasta cómo se rigen los sistemas económicos del mundo, está influido por filosofías que hemos desarrollado, adoptado o heredado y que desempeñan un papel crucial en nuestro sistema de creencias. Nuestras creencias acaban guiándonos en el proceso de toma de decisiones y en el tejido de relaciones para cultivar la felicidad y explorarnos a nosotros mismos. Esas creencias determinan nuestra amplia perspectiva del mundo y nos encaminan hacia el discernimiento de la sabiduría.

Aunque la filosofía es amiga de la sabiduría e incluso un sinónimo, ambos son conceptos diferentes que guardan una profunda relación. La sabiduría es la capacidad de procesar información emocional, factual y socialmente mientras que, por otro lado, construir una comprensión de conceptos y realidades complicados y codificarlos en un lenguaje comprensible es filosofía. Una persona puede comprender realidades más sofisticadas cuando es capaz de explorar la profundidad en una conversación al tiempo que entiende lo que el comunicador está intentando decir. Su capacidad y deseo de comprender que a veces hay capas asociadas al significado de la mayoría de las cosas les permite entender mejor la realidad central del mundo. La sabiduría puede alcanzarse cuando una persona tiene agallas para dedicarse a analizar, mientras que la filosofía consiste en utilizar la curiosidad y la capacidad de buscar la sabiduría que complemente su comprensión de la realidad. La sabiduría se cultiva experimentando cosas diferentes y alimentando la mente con las fuentes de conocimiento más verdaderas, que no se limitan a libros y conferencias. También se adquiere sabiduría a través de las experiencias vitales, sobre todo cultivando las relaciones, ya duren una temporada o toda la vida. Por tanto, la sabiduría se alcanza cuando se aprecia la curiosidad, se explora el entorno y se valoran las experiencias, al tiempo que se busca constantemente la perspicacia para tomar mejores decisiones y aportar equilibrio a las situaciones para el bienestar de todas las partes interesadas en la vida.

La sabiduría también ayuda a desarrollar la propia percepción y la forma en que nos relacionamos con las personas, nuestra realidad y nuestro entorno. Comprender tu percepción puede añadir valor a tu forma de comunicarte y ayudarte a ser más eficaz, así como a evitar situaciones en las que te verías influenciado de otro modo. En cierto modo, una mente filosófica trabaja con la curiosidad de explorar el entorno y buscar la verdad. Si la confusión surge a partir de una observación limitada, esto podría dar lugar a la ignición de un impulso por encontrar la verdad y procurar respuestas.

Por lo tanto, todos tenemos mentes filosóficas en algún momento porque todos tenemos la propensión a desarrollar el impulso de explorar la naturaleza de nuestra existencia. Sin embargo, este impulso podría limitarnos inicialmente a comprender el mundo desde nuestra única perspectiva, mientras que la sabiduría y la filosofía nos exigen buscar la comprensión desde las perspectivas de los demás para llegar a una conclusión general. La exploración de nuestra existencia puede dar lugar a creencias, que a veces pueden estar relacionadas con la fe. La creencia y la fe están correlacionadas, pero hay que entender la diferencia entre ambos conceptos para determinar la conexión entre ellos. La creencia podría definirse como el hábito o la mentalidad humana de considerar correcto cualquier cosa basándose en hechos, información y experiencias. Al mismo tiempo, la fe es seguir esa creencia en las buenas y en las malas sin dudar de ella.

En otras palabras, el viaje de la creencia a la fe es el proceso de desarrollo de la confianza en los conocimientos adquiridos en el mundo y la experiencia, así como la confianza en uno mismo.

Religión y filosofía

El objetivo de construir una mente filosófica es comprender la realidad; el esfuerzo por conocer la realidad da origen al concepto de religión. Tener una mente filosófica también complementa el esfuerzo humano por comprender el entramado de la realidad y buscar instintivamente a nuestro creador. La sabiduría y la visión de Dios son infinitas, y al buscarle a él y a nuestro salvador, Jesucristo, nos abrimos a una mayor propensión a comprender nuestra misión y nuestro lugar en el universo.

En otras palabras, puede decirse que la religión y la filosofía se entretejen en una hermosa cadena. La religión se describe como tener fe en Dios. Podría explicarse como un código de conducta para vivir dentro de unos cimientos éticos mientras se cumplen las responsabilidades que nos han sido conferidas. Por otro lado, la filosofía constituye los pilares de la indagación sobre el mundo para vivir con optimismo y atravesar los sentimientos desfavorables con conciencia y autogestión. La mente filosófica permite apreciar mejor la existencia de la religión; complementa el desarrollo y la comprensión de los principios y conceptos de la religión y de Dios. Así, explica conceptos incomprensibles de forma comprensible para todos. Refuerza la creencia en el creador para ayudarles a buscar la verdad que no puede verse a simple vista. Los conceptos filosóficos complementan la base de la religión para ayudar a la gente a explorar su entorno y mantener la esperanza en las personas y el mundo.

La religión y la filosofía son la asimilación de marcos teóricos y prácticas con el objetivo de aportar esperanza a la vida de las personas. Estos dos vastos campos se centran en la mejora del mundo y de los individuos por motivos sociales, inculcando los principios de la ética y la necesidad de valorar las emociones de los demás. Además, la religión y la filosofía han dado una enorme importancia a la identificación del propósito de la vida.

Sin embargo, la filosofía difiere de la religión porque ésta se ocupa de comprender la voluntad de Dios, las personas y la ética. En comparación, la filosofía se ocupa de comprender la naturaleza del mundo, la religión y la mente humana que forma todo el concepto con la ayuda del poder de la creencia. La filosofía en un contexto diferente puede contribuir al propio sistema de creencias y su conexión con el marco de razonamiento y la búsqueda de respuestas. La capacidad de analizar y buscar respuestas que satisfagan la curiosidad y la necesidad de complementar una comprensión de cómo funciona el mundo; esa comprensión aporta claridad gracias a la cual se formarán creencias lógicas. Esas creencias lógicas poseen raíces firmes y tienen la capacidad de convertirse en fe.

Por lo tanto, la verdad podría entenderse por el hecho de que las creencias construidas por las personas en las civilizaciones antiguas les ayudaron a alcanzar un mayor nivel de satisfacción y propósito en sus vidas. Esta creencia se traduce en el concepto de fe, el primer pilar de toda religión. La fe puede ayudar a sembrar las semillas del éxito por su conexión con la esperanza y la coherencia. Por lo tanto, se aconseja a todo el mundo que crea en sí mismo con la suficiente firmeza como para ser fiel a sus cualidades.

Ni siquiera tener una mente como la de Einstein puede garantizar el éxito, pero la fe en uno mismo puede impulsar a una persona a trabajar durante más tiempo y con más ahínco, aunque las cosas no vayan como ella quiere. La fe en uno mismo anima a una persona a ser constante con la esperanza de obtener resultados pronto, y por eso trae el éxito tras de sí. Hace que una persona busque soluciones y se esfuerce al máximo para convertir en realidad la imagen que tiene en mente.

En los anales del logro, algunos individuos notables desafían las expectativas convencionales y dejan una huella indeleble en el mundo. Una de esas personas es mi amigo, cuyo viaje ejemplifica el impacto de la confianza arraigada en una profunda fe personal.

A diferencia de quienes tienen títulos impresionantes o un pasado privilegiado, los triunfos de mi amigo no eran producto de una fe ciega en sí mismo. Emanaban más bien de una reserva de notable confianza que no conocía límites. Esta creencia en sus capacidades le impulsó a seguir adelante, independientemente de los retos que encontrara en su camino. Hubo momentos y situaciones en los que la duda y la adversidad bailaron a su alrededor, pero su inquebrantable convicción le protegió de su influencia. Dotado de fe en sí mismo, persiguió sin miedo sus objetivos, negándose a dejarse influir por los cínicos, los pesimistas o los reveses. La profundidad de su confianza en sí mismo no tenía límites y le permitió lograr lo que otros consideraban imposible.

Su historia es un testimonio de la relación entre fe y confianza; su confianza floreció a través del prisma de la fe, en la que finalmente pudo centrarse y utilizar en su beneficio. Esta rara fusión de confianza activa y la fuerza motriz de sus convicciones le impulsó cada vez más cerca de sus sueños.

En los anales de la historia encontramos a menudo la poderosa sinergia entre la fe y la confianza. La fusión de estas dos fuerzas peculiares permite a los individuos superar la adversidad, trazar sus destinos y dejar un legado perdurable.

Filosofía y necesidad

En el proceso de búsqueda de una definición sólida de uno mismo podría ser importante evaluar las cosas que se desean en comparación con las que realmente se necesitan. Es importante evaluar tu capacidad actual para satisfacer esas necesidades.

Comprender la fe y la religión puede ayudar a afianzarte, mientras que la filosofía puede ayudar a trascender las limitaciones, junto con conocimientos que podrían complementar tu capacidad para cumplir tu propósito en la vida y encontrar seguridad financiera a través de ella.

Ganar y ganar dinero es una parte importante de la vida porque puede influir en muchas otras facetas de cómo vivimos y en la calidad de nuestras vidas. La incapacidad de comprendernos a nosotros mismos puede a veces alejarnos de nuestros verdaderos talentos. Esto puede llevarnos a desviarnos hacia otros campos que no nos interesan; en consecuencia, no conseguimos ganar dinero ni alcanzar nuestro potencial. El peligro de tener sólo un interés limitado en la carrera o profesión que hemos elegido es que podría contribuir a una disminución de nuestros mejores esfuerzos y, en última instancia, afectar a nuestros ingresos. Además de la oportunidad perdida de comprendernos a nosotros mismos, esto también puede limitar nuestra capacidad, el alcance de las oportunidades y la perspicacia necesaria para maximizar nuestra capacidad de prosperar y mantener a nuestras familias.

A medida que envejecemos, hacer inversiones para maximizar el efectivo y los ahorros se vuelve más importante, especialmente cuando tenemos la responsabilidad de nuestros hijos y de la casa. Sin embargo, la comprensión y la capacidad de buscar respuestas para entendernos a nosotros mismos, a nuestra familia y al mundo nos ayudan a comprender los fundamentos y las complejidades de las ciencias del dinero que te proporcionan conocimientos imprescindibles sobre el dinero. Complementa tu capacidad de ganar e invertir de forma inteligente para planificar y tener una vida mejor tras la jubilación sin afectar a las relaciones que has labrado en esta vida.

La filosofía abarca la búsqueda del conocimiento y la sabiduría sobre lo que nos rodea, permitiéndonos comprender la compleja dinámica de nuestras interacciones con los demás y el entorno que nos rodea. Lamentablemente, muchas personas luchan contra una relación malsana con el dinero, a menudo debido a la falta de distinción entre sus necesidades y sus deseos. Esta confusión sobre el verdadero significado de la felicidad ha dado lugar a inseguridades, llevando a algunos a percibir el dinero como una fuente de alegría. En consecuencia, las empresas sacan provecho de esta falta de comprensión, cosechando importantes beneficios financieros. Para cultivar una relación sana con el dinero, resulta esencial hacer introspección y ganar claridad sobre lo que la riqueza significa para nosotros individualmente, las fuentes de felicidad genuina en nuestras vidas y las formas más acertadas de realización. Desarrollar una relación sana con el dinero nos capacita para gestionar nuestras finanzas al tiempo que garantizamos la satisfacción de nuestras necesidades y comprendemos la distinción entre deseos y necesidades. Nos anima a ahorrar dinero, a explorar posibles oportunidades de inversión y a aprovechar nuestros talentos y posiciones únicas para maximizar nuestras ganancias.

Reconocer que el dinero puede influir hasta cierto punto en la satisfacción emocional es crucial. Nos permite adquirir bienes y servicios que nos proporcionan alegría y nos permite expresar nuestro afecto por los demás mediante gestos de generosidad. En este sentido, el dinero puede contribuir a completar la satisfacción emocional.

Adoptando una mentalidad filosófica, podemos esforzarnos por adoptar un enfoque equilibrado del dinero, reconociendo su papel en nuestras vidas al tiempo que reconocemos su valor más allá de la riqueza material. Este enfoque nos permite navegar por las complejidades de nuestro viaje financiero con una comprensión más profunda, garantizando que se satisfagan nuestras necesidades emocionales y fomentando una conexión más significativa con nuestros recursos financieros. Aunque el dinero es vital, los mismos cobran sentido gracias a nuestros seres queridos, a quienes queremos mimar proporcionándoles una vida lujosa. Así, nuestras vidas giran en torno a nuestra familia. De ellos aprendemos a cultivar las relaciones, la tarea más importante de nuestras vidas.

Cada dos días, creamos nuevas relaciones y mejoramos las antiguas, basándonos en los conceptos filosóficos y la sabiduría que llevamos dentro. En algunos momentos, disfrutamos de nuestras relaciones, pero en otros, tenemos la propensión a manejar mal las relaciones y, a veces, ejecutamos estrategias de salida para relaciones en las que quizá nos convendría permanecer. Como humanos, normalmente no sabemos permanecer en el momento presente y disfrutar de lo que tenemos. Aprender a vivir en el momento presente con todas nuestras relaciones es significativo porque el tiempo importa. Debemos aprender a apreciar el tiempo que pasamos y valorar el calor que las relaciones aportan a nuestras vidas. Nos ayudará a comprender mejor la singularidad que hace que nuestras situaciones sean especiales. Muchas personas anhelan el amor y la atención, pero no pueden conseguirlos; a veces ni siquiera consiguen que se fijen en ellos quienes pasan más tiempo con ellos.

En algunos casos, la atención y el amor podrían representarse a través del dinero, pero tu corazón y tus intenciones tienen que estar en el lugar adecuado para que este tipo de situación sea sostenible. Este libro te guiará a adoptar una mentalidad filosófica para vivir una vida financieramente segura en la que puedas cultivar relaciones y esforzarte en tu crecimiento personal mientras exploras formas de priorizar la necesidad de seguridad financiera y das pasos hacia la construcción de un plan de acción.

Filosofía y finanzas

A primera vista, puede parecer que la filosofía y las finanzas habitan reinos separados del pensamiento humano. La filosofía se adentra en profundas cuestiones existenciales, mientras que las finanzas se ocupan de los aspectos prácticos de la gestión del dinero y los sistemas económicos. Sin embargo, si se examinan más de cerca, descubrimos una intersección cautivadora en la que convergen estas dos disciplinas, iluminando la influencia de los principios filosóficos en las decisiones financieras y los fundamentos filosóficos subyacentes de los sistemas económicos. La filosofía, con su énfasis en el pensamiento crítico y la investigación intelectual, proporciona una perspectiva filosófica a través de la cual analizamos las dimensiones éticas y morales de las finanzas. Nos incita a profundizar en la naturaleza fundamental del dinero, la riqueza y su distribución social. Teorías éticas como el utilitarismo, la deontología y la ética de la virtud conforman nuestra comprensión de la toma de decisiones financieras responsables, guiándonos en nuestra búsqueda de la prosperidad económica al tiempo que consideramos el mayor bienestar de los individuos y la sociedad.

Además, la filosofía nos invita a contemplar la naturaleza del valor y la complejidad de los deseos y necesidades humanos. Nos desafía a examinar nuestras actitudes hacia la riqueza, el consumismo y el materialismo, cuestionando las verdaderas fuentes de la felicidad y la plenitud. A través de la investigación filosófica, exploramos conceptos como suficiencia, administración y finanzas sostenibles, buscando un enfoque equilibrado que alinee nuestras opciones financieras con nuestros valores personales y el bienestar de la sociedad.

A la inversa, las finanzas, como ámbito práctico, ofrecen sus propias dimensiones filosóficas. Las teorías económicas, las estrategias de inversión y los marcos de gestión del riesgo se basan en supuestos filosóficos sobre el comportamiento humano, la racionalidad y la naturaleza de los mercados. Por ejemplo, la hipótesis del mercado eficiente se basa en la creencia filosófica en la racionalidad de los participantes en el mercado.

Al mismo tiempo, las finanzas conductuales desafían este supuesto al considerar los sesgos psicológicos y la toma de decisiones irracionales. Además, las finanzas ofrecen una plataforma para aplicar principios filosóficos en el mundo real. La inversión de impacto, por ejemplo, incorpora consideraciones éticas dirigiendo el capital hacia empresas que generan resultados sociales y medioambientales positivos. Del mismo modo, la inversión socialmente responsable integra valores filosóficos en las decisiones de inversión, reflejando la sostenibilidad medioambiental, los derechos humanos y las preocupaciones en materia de gobierno corporativo. La intersección entre filosofía y finanzas se extiende también a las finanzas personales. Las reflexiones filosóficas sobre la naturaleza de la riqueza, la independencia financiera y la búsqueda de una vida con sentido informan nuestros objetivos y prioridades financieras. Nos anima a enfocar el dinero como una herramienta para el crecimiento personal, la autorrealización y la búsqueda de los grandes objetivos de la vida. Al adoptar principios filosóficos, podemos tomar decisiones financieras con un propósito, equilibrando nuestras necesidades materiales con nuestras aspiraciones y valores más profundos.

El objetivo de este libro es entablar una conversación sobre la naturaleza de la vida y cómo la filosofía puede ayudarnos a convertirnos en seres completos. En el proceso exploramos temas como la fe, la familia, las relaciones y lo que significa encaminarse hacia la seguridad económica. Comprender la vida y a uno mismo a través de su filosofía y sabiduría complementará su capacidad para planificar el futuro. Como autor intricadamente inmerso en la exploración del viaje de la vida, me siento en cierto modo inspirado a participar en esta vívida conversación, ofreciendo a los lectores una exploración esperanzadamente transformadora de la fe, la filosofía y la intrincada interrelación de la vida.

En estas páginas, te invito a embarcarte en un viaje de autodescubrimiento guiado por reflexiones eruditas y anécdotas personales a medida que desentrañamos los temas interconectados que forman los cimientos de una existencia significativa y plena. La filosofía, un tema que ha cautivado las mentes de los eruditos a lo largo de los siglos, se convierte en el énfasis dominante a medida que profundizamos en la sustancia del conocimiento y la realidad. Emprenderemos un viaje de meditación y pensamiento, atravesando el paisaje filosófico para desentrañar los secretos de la presencia e iluminar el camino hacia la confianza y la convicción. Creamos una mentalidad filosófica combinando principios éticos, lógica y pensamiento, una poderosa herramienta que determina cómo vemos los mundos interior y exterior.

Inmersos en esta comprensión, exploramos el extraordinario poder de la sabiduría. Basándonos en experiencias y en la sabiduría de pensadores antiguos y modernos, navegaremos por el intrincado terreno de la sabiduría, discerniendo sus matices y desentrañando sus misterios. Al mismo tiempo, descubriremos el potencial transformador de la sabiduría para cultivar una mayor conciencia y responsabilidad, armonizar nuestras emociones con el pensamiento racional y fomentar conexiones significativas con los demás. Esta exploración revelará la importancia de tratar a las personas con dignidad, construyendo así relaciones sostenibles que enriquezcan nuestras vidas.

En el mundo de la fe, nos encontramos con un poder que nos empuja hacia adelante, permitiéndonos superar los retos y apreciar la vida al máximo. A través de relatos convincentes de personas cuyas vidas se han visto significativamente influidas por la religión, vemos su increíble capacidad para provocar cambios, proporcionar orientación y dar sentido y satisfacción a nuestras vidas. Nos esforzamos por alinear nuestras creencias con el conocimiento, utilizando la fe como brújula mientras lo hacemos. Esto crea un fuerte vínculo que mejora nuestra comprensión del mundo y de nuestro papel en él. A medida que se desarrolla nuestro viaje, nos encontramos con la intersección de las finanzas y la sabiduría. Aquí exploramos la importancia de tomar decisiones financieras sabias en una etapa temprana de la vida y los peligros de retrasarlas hasta demasiado tarde. Juntos, navegaremos por el intrincado panorama de la solvencia y la acumulación de activos, sopesando las ventajas del ahorro y la inversión y descubriendo la sabiduría que hay detrás de la creación de un fondo de emergencia. Guiados por estrategias de inversión de eficacia probada, desvelamos los secretos del éxito financiero al tiempo que garantizamos un futuro seguro y próspero.

Sin embargo, la vida no se define únicamente por la prosperidad financiera. Es la calidad de nuestras relaciones y los vínculos que forjamos lo que realmente enriquece nuestra existencia. Así pues, nos adentramos en el cultivo de relaciones para toda la vida, reconociendo la importancia de la conexión humana y la socialización. Exploramos el impacto de ser bueno con los demás, valorando los recuerdos y la influencia que dejamos atrás. Al cultivar estas relaciones, abrimos la puerta a la felicidad, la satisfacción y una vida bien vivida.

La culminación de nuestra exploración nos encuentra en el ámbito del legado, donde contemplamos la importancia de transmitir nuestros valores de una generación a otra. Juntos, nos adentramos en los entresijos de la creación de valores familiares sólidos y su poder transformador. A través de anécdotas personales y reflexiones que invitan a la reflexión, descubrimos los inmensos beneficios de cultivar estos valores, fomentando conexiones duraderas que trascienden el tiempo.

Espero que podamos construir una hoja de ruta para navegar por las complejidades de la vida, desbloqueando el poder de la fe, la sabiduría, las finanzas, las relaciones y el legado.

Abrazando la interconexión de estos temas, te embarcarás en una vida impregnada de satisfacción, prosperidad y abundancia. En esta vida, la fe, la sabiduría y los valores profundamente arraigados se entrelazan armoniosamente para crear una sinfonía de propósito y realización. A lo largo de esta expedición reflexiva, es importante tener en cuenta que la verdadera transformación y el cultivo de la fe y la sabiduría no pueden lograrse de la noche a la mañana. Necesitan perseverancia, responsabilidad y una comprensión global de las complejidades del mundo. Cuando nos enfrentamos a las realidades de la vida mientras buscamos la verdad y la conciencia, nos volvemos más accesibles al conocimiento fundamental que sirve de base a nuestras creencias y factores verdaderos. Gracias a esta comprensión, nuestra confianza y nuestro conocimiento se vuelven inquebrantables, y crece nuestra gratitud por nuestras ventajas.

Aunque perseguir la felicidad y el éxito pueda parecer a veces abrumador, es importante equilibrar la búsqueda de la perfección y el trato amable con nosotros mismos.

Debemos recordar el valor de la resistencia, la confianza en nosotros mismos y el apoyo de nuestros seres queridos mientras perseguimos nuestros objetivos. Al emprender esta aventura, comprendemos que la fe es la clave para abrir la puerta del éxito. Aprendemos a comprender la compleja melodía de la vida y nuestro papel en ella a través de los hilos de la filosofía entretejidos con la lógica, la ética y el razonamiento.

A medida que exploramos experiencias y percepciones, exploraremos valiosas herramientas y consejos para cultivar una mentalidad filosófica, identificar el propósito que impulsa tu existencia y allanar un camino inteligente hacia la realización financiera y emocional. Al mismo tiempo, descubriremos el inmenso valor de reconocer nuestras necesidades, comprender el verdadero significado de la riqueza y tomar decisiones informadas que se alineen con nuestras aspiraciones. Nuestro objetivo debe ser establecer un rumbo por un camino bien definido que potencialmente podría dirigirle hacia una vida rica en felicidad, éxito y conexiones profundas. Que abraces el conocimiento de los siglos, las lecciones del presente y la promesa del futuro mientras negocias la compleja interacción de la religión, la sabiduría, el dinero, las relaciones y el legado. Imagina que emprendes una magnífica aventura que supera los límites de lo ordinario y te lleva a una vida de asombrosa abundancia a través de una fe inquebrantable, un conocimiento profundo y un corazón lleno de agradecimiento.

Capítulo 2: Filosofía

Exploremos el maravilloso mundo de la filosofía. El primer paso en este viaje sería ampliar el significado formal de la filosofía. La filosofía es un estudio que fomenta el pensamiento crítico y la investigación racional. Nos enseña a cuestionar supuestos, analizar argumentos y evaluar pruebas. Participar en debates filosóficos nos permite pensar profunda y críticamente sobre cuestiones complejas, lo que es crucial para tomar decisiones informadas y resolver problemas con eficacia. Nos ayuda a desarrollar una visión coherente del mundo y un sentido y propósito de la vida.

Exploramos cuestiones fundamentales sobre la naturaleza de la realidad, el conocimiento, la ética y la condición humana a través de indagaciones filosóficas. Nos anima a explorar varias disciplinas y a comprometernos con diversas perspectivas. Es el ancla que utilizamos mientras atravesamos la montaña mortal de las preguntas de la vida.

La filosofía promueve el pensamiento interdisciplinar, permitiéndonos conectar ideas de distintos campos y buscar una comprensión holística. Pero entre todas estas afirmaciones, hay una pregunta que sobresale. Dentro del ámbito de la filosofía, "¿Cuál es la naturaleza del libre albedrío?". Es una pregunta que, a día de hoy, merece una explicación. La filosofía, un campo de estudio intrigante y expansivo, nos invita a embarcarnos en un viaje intelectual lleno de preguntas y discursos perspicaces. Mientras deambulamos por la indagación filosófica, entablemos una animada conversación para desentrañar la esencia de la filosofía y explorar su naturaleza polifacética.

Ahora bien, antes de entrar en materia, vamos a formarnos una idea general de la filosofía. La filosofía es el estudio de la sabiduría, que implica observar los problemas utilizando el conocimiento de tu entorno y a través de las personas que te rodean. Es el estudio del conocimiento, la verdad, la religión, la política, la naturaleza humana, el sentido de la vida y todo lo demás. Profundiza en el problema para encontrar su causa. Una vez que el problema es explicable, resulta más fácil elaborar una solución. Debido a su conexión con la construcción de una comprensión del mundo interior y exterior, la filosofía requiere que los académicos se doten de varias habilidades sociales y duras para ver el significado que hay detrás de cada cosa y comprender su esencia real. A continuación, profundizaremos en algunos de los principios básicos de la filosofía.

Aplicaciones de la filosofía

La filosofía, a menudo asociada al mundo académico, encuentra relevancia y aplicaciones en numerosos ámbitos de nuestras vidas. Su impacto se extiende más allá de las aulas y las salas de conferencias, impregnando diversos campos y disciplinas. Al explorar estas diversas aplicaciones, descubrimos el poder transformador del pensamiento filosófico. Las implicaciones prácticas de la filosofía son evidentes en ámbitos como la medicina, la tecnología, los negocios y las relaciones personales. En el ámbito de la medicina, la rama de la bioética se basa en gran medida en los fundamentos filosóficos para orientar la toma de decisiones éticas. Se enfrenta a complejos dilemas morales, desde la atención al final de la vida hasta la autonomía del paciente, garantizando que las prácticas médicas se ajusten a la compasión, el respeto y la justicia. La tecnología, un campo en rápida evolución, presenta sus propios retos éticos. Las consideraciones filosóficas son cruciales para abordar las preocupaciones relacionadas con la inteligencia artificial, la privacidad y la agencia humana. Al analizar críticamente las implicaciones éticas de los avances tecnológicos, la filosofía nos permite elaborar políticas y normativas que se ajusten a nuestra brújula moral.

Además, las ideas filosóficas son valiosas en el mundo empresarial, donde la toma de decisiones éticas y la responsabilidad social de las empresas son primordiales. Al basarse en principios filosóficos, las organizaciones pueden crear culturas éticas y fomentar entornos que den prioridad a la integridad, la justicia y la sostenibilidad. La filosofía ayuda a los líderes a desenvolverse en entornos éticos complejos y a tomar decisiones informadas que estén en consonancia con sus valores.

Más allá de las esferas profesionales, la filosofía enriquece las relaciones personales y proporciona un marco para comprender la experiencia humana. Profundizar en conceptos filosóficos como el amor, la felicidad y el sentido permite a las personas comprender mejor su propia vida y sus relaciones con los demás. La filosofía nos lleva a reflexionar sobre cuestiones existenciales, valores y la búsqueda de una vida plena. La filosofía actúa como catalizador, informando y dando forma a diversas disciplinas y fomentando un intercambio dinámico de ideas. Sirve de puente entre ámbitos aparentemente dispares, generando enfoques innovadores a cuestiones ancestrales. La filosofía influye y guía la exploración multidisciplinar, desde las ciencias a la ética, desde la política a la estética.

La investigación científica se beneficia de los paralelismos intelectuales de la filosofía. Los principios filosóficos llevan a los científicos a examinar críticamente la naturaleza del conocimiento, los límites de las pruebas empíricas y las implicaciones éticas de sus descubrimientos. El compromiso con la filosofía proporciona a los científicos una perspectiva más amplia que permite una comprensión más holística del mundo.

La relación entre filosofía y ciencia es recíproca. La investigación filosófica suele sentar las bases de la exploración científica, examinando la naturaleza de las teorías científicas, los criterios de explicación y los límites del conocimiento. Al analizar estos fundamentos filosóficos, los científicos se hacen una idea de los supuestos y metodologías que guían su investigación, lo que conduce a esfuerzos científicos más sólidos.

La ética, brújula moral de la acción humana, debe mucho al discurso filosófico. A través de la investigación filosófica rigurosa, se desarrollan teorías éticas que proporcionan marcos para navegar por dilemas morales complejos. La filosofía nos dota de herramientas para la reflexión reflexiva, permitiendo el escrutinio de los valores y la toma de decisiones éticas en diversos contextos.

Las consideraciones éticas trascienden las fronteras disciplinarias e influyen en las decisiones políticas, los códigos de conducta profesional y las normas sociales. Por ejemplo, las ciencias ambientales incorporan debates filosóficos sobre la sostenibilidad, la justicia intergeneracional y el valor intrínseco de la naturaleza. Estas ideas filosóficas configuran las políticas y prácticas medioambientales, guiando a la humanidad hacia un futuro más sostenible.

La política también entra en la esfera de influencia de la filosofía. A lo largo de la historia, los filósofos políticos se han enfrentado a cuestiones de justicia, poder y gobernanza. La filosofía profundiza en nuestra comprensión de los sistemas políticos, sus puntos fuertes y sus defectos, configurando así el discurso político y luchando por una sociedad más justa y equitativa.

La filosofía aporta información a diversas disciplinas y mejora las capacidades cognitivas, fomentando las habilidades críticas y analíticas. La práctica del pensamiento filosófico cultiva el razonamiento lógico, la argumentación rigurosa y la claridad intelectual. El compromiso con las ideas filosóficas permite a las personas abordar conceptos complejos, analizar diversas perspectivas y resolver problemas complejos.

La filosofía nos desafía a cuestionar supuestos, buscar pruebas y evaluar la solidez de los argumentos. Fomenta la humildad intelectual, reconociendo los límites de nuestro conocimiento y alentando una indagación abierta. Al cultivar la capacidad crítica y analítica, la filosofía nos prepara para afrontar los retos intelectuales de un mundo en constante evolución, fomentando un enfoque matizado y perspicaz del conocimiento y la comprensión.

El estudio de la filosofía exige un pensamiento preciso, una argumentación meticulosa y una articulación clara de ideas complejas. La perspicacia analítica, perfeccionada a través del análisis filosófico, se extiende más allá de la propia filosofía, beneficiando a las personas en sus actividades académicas, carreras profesionales y vidas personales. El pensamiento filosófico también fomenta la curiosidad intelectual, alimentando una búsqueda permanente del conocimiento y la comprensión. Nos enseña a abordar cuestiones complejas con una mente abierta, adoptando diversas perspectivas e ideas que contribuyen a una comprensión más profunda del mundo.

La síntesis de la filosofía en la política

La filosofía tiene un inmenso papel en la reforma del pensamiento político; comprender la realidad y cómo funciona el mundo permite a los filósofos entender la naturaleza del poder, la justicia y la autoridad. Las teorías de Aristóteles y Platón establecen la idea de los órganos de gobierno que remodelaron el mundo durante la antigua civilización. La adopción de esos principios y su estudio en profundidad da lugar al mundo de Thomas Hobbes y John Locke, centrado en otorgar derechos primordiales a todos los ciudadanos y personas que viven en este mundo y en la necesidad de establecer un gobierno central fuerte.

Al tener una influencia tan fuerte en la política, se puede decir que la filosofía se ha utilizado para formar leyes en el mundo moderno. El trabajo de Cicerón y Ulpiano en la formación de teorías jurídicas ha dado valor al derecho natural como el arte de dar órdenes justas. Ha dado lugar a la formación de todo el campo del derecho. Sus obras permitieron a la gente común comprender la naturaleza del derecho y desarrollar un sistema jurídico justo. Su contribución mejoró el sistema jurídico de distintos países. Incluso animó a los filósofos modernos, como Hart y John Austin, a replantear las leyes a la luz del mundo cambiante para que la tierra fuera justa.

El último punto de vista y aplicación de la filosofía que me gustaría exponer es la interconexión entre fe y filosofía. Los argumentos de Aristóteles y Platón dieron pie a que los plebeyos buscaran respuestas a las preguntas relacionadas con el ser supremo en el mundo a la luz del creciente número de diferentes tipos de sistemas de fe. Su mundo llevó a filósofos modernos a contribuir al desarrollo de la religión, como John Dewey y William James.

La filosofía desempeña un papel fundamental en la vida cotidiana de la gente corriente, ya que le permite pensar en las respuestas y saciar su curiosidad para encontrar la mejor manera de resolver el problema. Les dota de las habilidades necesarias para tomar decisiones investigando a fondo las soluciones y opciones disponibles para llegar a la respuesta correcta. Además, la filosofía les da un sentido de la comprensión de la naturaleza y su entorno, lo que ayuda a las personas a enfrentarse a los retos. Al fin y al cabo, las asignaturas les ayudan a comprender el hecho de que todo es temporal. La filosofía les ayuda a comprender el concepto de interconexión que, con el tiempo, complementa sus relaciones consigo mismos y con las personas de su entorno, lo que les conduce a una vida feliz.

Filosofía en diferentes culturas

La filosofía sigue siendo relevante para dar forma a nuestras vidas en un mundo consumido por los afanes mundanos y la priorización de las necesidades básicas. Nos proporciona una brújula para la justicia, la rectitud y la moralidad, influyendo en la vida de las personas corrientes y en el funcionamiento de los organismos gubernamentales que se esfuerzan por mantener la ley y el orden. A través de las diferentes culturas, la filosofía deja su huella indeleble, ofreciendo perspectivas únicas y principios rectores para la vida. La filosofía es una fuente de sustento para el alma en las civilizaciones occidentales.

Resuelve problemas existenciales recurriendo al rico tapiz de ideas griegas, ayudando a las personas a encontrar un propósito y un sentido a sus vidas. Permite a los individuos experimentar la presencia de nuestro creador en su entorno, cultivando un sentido de conexión con algo superior a ellos mismos. Además, la filosofía proporciona a los occidentales una mejor comprensión de la realidad y la tenacidad intelectual y emocional para afrontar y conquistar los problemas de la vida. En cambio, las culturas asiáticas muestran una relación más estrecha entre filosofía y religión. Informados por el pensamiento filosófico, los individuos de estas culturas navegan por dilemas éticos y morales, dando prioridad a unas relaciones interpersonales e intrapersonales armoniosas. Las enseñanzas de los filósofos se convierten en principios rectores de la conducta, haciendo hincapié en la importancia de la unidad y el entendimiento mutuo. A través de la exploración filosófica, algunas culturas asiáticas tratan de alinear sus acciones con un propósito moral más elevado, abrazando la interconexión de todos los seres y el mundo natural.

Con su profunda conexión con la tierra y la naturaleza, las culturas indígenas encuentran consuelo y orientación en los principios filosóficos. La filosofía sirve de puente, ayudando a los pueblos indígenas a forjar una conexión entre los seres humanos y el medio ambiente. Les enseña a respetar y apreciar la intrincada interacción entre todos los elementos de la naturaleza, fomentando un sentido de administración y responsabilidad comunitaria. Basándose en la sabiduría filosófica, las comunidades indígenas cultivan una coexistencia armoniosa con su entorno y unas relaciones sanas con quienes les rodean. La humanidad adquiere una comprensión más rica al utilizar la Filosofía como fuente de sustento para el alma en las civilizaciones occidentales. Resuelve cuestiones existenciales recurriendo al rico mosaico de ideas griegas, ayudando a las personas a encontrar un propósito y un sentido a sus vidas. Permite a los individuos experimentar la presencia de nuestro creador en su entorno, cultivando un sentido de conexión con algo superior a ellos mismos. Además, la filosofía proporciona a los occidentales una excelente comprensión de la realidad y la tenacidad intelectual y emocional para afrontar y conquistar los problemas de la vida.

La humanidad obtiene un tapiz más rico de pensamiento y comprensión al abrazar la filosofía en diversos contextos culturales. Podemos apreciar la profundidad y amplitud de la experiencia humana a través de estas diversas perspectivas filosóficas. Ya sea en la búsqueda de un sentido existencial, en el cultivo de una conducta ética o en la forja de relaciones armoniosas, la filosofía ofrece sus ideas y su orientación práctica. Sigue siendo un recurso inestimable, que permite a individuos y sociedades enfrentarse a las complejidades de la existencia y forjar un camino hacia un futuro más iluminado y satisfactorio.

Comparaciones culturales de la filosofía:

Empezando por la filosofía más influyente en términos de popularidad, las civilizaciones de Roma y Grecia han servido de ejemplo de progreso intelectual y filosófico a lo largo de la historia. Estas antiguas superpotencias mediterráneas impactaron en todo el mundo a través de sus extraordinarios logros políticos y culturales e influyeron notablemente en la filosofía. Dentro de las fronteras de Roma, los movimientos intelectuales del epicureísmo y el estoicismo ganaron prominencia.

Por otro lado, las sólidas tradiciones de la filosofía socrática y platónica se establecieron firmemente en Grecia y prosperaron. El epicureísmo, fundado por el filósofo griego Epicuro y adoptado por muchos en Roma, adoptó un enfoque diferente para alcanzar una existencia satisfecha.

Los epicúreos buscaban el placer como bien supremo, aunque no en el sentido hedonista que se asocia comúnmente con el término actual. Para ellos, la alegría provenía de la ausencia de dolor físico y mental. Creían que reduciendo al mínimo los deseos y viviendo una vida sencilla de placeres modestos, los individuos podían alcanzar un estado de tranquilidad y libertad frente a las ansiedades. Los epicúreos también hacían hincapié en la importancia de la amistad y la búsqueda del conocimiento, pues creían que contribuían a una vida placentera y llena de sentido. En Grecia prevalecieron las tradiciones filosóficas de Sócrates y Platón, que influyeron en las generaciones posteriores. Sócrates, el influyente filósofo conocido por su método socrático, se centraba en la búsqueda de la verdad y el autoconocimiento. Desafiaba a los individuos a examinar sus creencias y a comprometerse con el cuestionamiento riguroso y el pensamiento crítico. Sócrates pensaba que las personas podían aprender la verdad y conocerse mejor a sí mismas y al mundo que las rodeaba a través del debate y la investigación. Sus enseñanzas pretendían ayudar a las personas a aceptar las virtudes y el carácter del bien.

Partiendo del legado de Sócrates, Platón amplió el discurso filosófico con sus teorías metafísicas y éticas. La filosofía de Platón se adentró en el ámbito de las formas ideales y el concepto del alma. Sostenía que el mundo físico era un mero reflejo de verdades superiores, y que el conocimiento adecuado sólo podía alcanzarse a través de la razón y la contemplación. La famosa Alegoría de la Caverna de Platón ilustra su creencia en una realidad superior más allá de las sombras que percibimos.

A través de su diálogo "La República", Platón exploró la naturaleza de la justicia, la sociedad ideal y el papel de los filósofos como guardianes de la sabiduría y la verdad. Su Academia se convirtió en un renombrado centro de aprendizaje, nutriendo a grandes mentes y dejando un legado intelectual perdurable. Nuestra exploración de las filosofías que surgieron en la antigua Roma y Grecia nos lleva a un viaje de profunda indagación, además de comprensión. Desentrañamos los entresijos del epicureísmo en Roma, descubriendo cómo estas filosofías contrastadas dieron forma a las perspectivas sobre la ética, la búsqueda de un propósito y la esencia de la naturaleza humana. Al mismo tiempo, nos sumergimos en las tradiciones socrática y platónica de Grecia, desentrañando sus ideas sobre la diversidad del pensamiento humano y la búsqueda intemporal del conocimiento.

Conceptos filosóficos de África y Asia

Nuestro viaje trasciende las fronteras geográficas, abarcando diversas tradiciones filosóficas de todo el mundo. Nos aventuramos más allá, embarcándonos en una cautivadora expedición para descubrir los tesoros filosóficos de Asia y África. El vasto y culturalmente diverso continente asiático revela un mosaico de sabiduría que ha marcado la vida de innumerables individuos. Desde las antiguas enseñanzas del confucianismo, que abogan por la conducta ética y la armonía social, hasta los caminos místicos del taoísmo, que guían a los buscadores hacia la unidad con el mundo natural, pasando por las ideas del budismo, que ofrecen consuelo en medio de las mareas siempre cambiantes de la vida, Asia nos presenta un vibrante tapiz de tradiciones filosóficas. Nuestra sed de conocimiento nos adentra aún más en el corazón de África, donde los ritmos de la vida laten con susurros olvidados.

En los rincones inexplorados del sur de África, descubrimos muchas ideas filosóficas a menudo pasadas por alto por los relatos históricos tradicionales. Ubuntu hace referencia a antiguas cualidades y virtudes que engloban rasgos como la humanidad y la compasión, y nos recuerda la profunda interconexión que une a la civilización como una familia global, trascendiendo fronteras y abrazando valores compartidos. El Ubuntu nos invita a abrazar la armonía comunitaria, la empatía y la responsabilidad compartida, recordándonos la dignidad y el valor inherentes que residen en cada individuo.

La corriente de Ma'at

La antigua tierra de Egipto, con sus majestuosos faraones y filósofos contemplativos, ocupa un lugar indispensable en nuestra exploración de la historia y el conocimiento humanos. En esta extraordinaria civilización, una corriente filosófica conocida como Ma'at fluía por la conciencia colectiva del pueblo. Ma'at, centrada en el orden, la verdad y la justicia, dirigía a los egipcios en su búsqueda del equilibrio y la armonía, no sólo en la Tierra sino incluso más allá. Enfatizaba la interconectividad inherente del universo, mostrando la red cósmica creada por los dioses.

En el núcleo de Ma'at se encuentra el principio del orden, que abarca la disposición armoniosa de todos los elementos del universo. Significa el reconocimiento de los egipcios de mantener el equilibrio en todos los aspectos de la vida, desde las relaciones sociales hasta las fuerzas cósmicas que gobiernan el mundo. Esta aguda comprensión del orden se extendía más allá del ámbito humano, reflejando su creencia en la interconexión de todas las cosas.

La verdad, otro pilar esencial de Ma'at, tenía un gran significado en la filosofía egipcia. Simbolizaba la exactitud de los hechos y la adecuación de los pensamientos, las palabras y las acciones a los principios cósmicos subyacentes. Vivir en la verdad era un imperativo moral para los egipcios, ya que contribuía a mantener la armonía y la justicia en la sociedad y en el marco cósmico más amplio. La justicia, el tercer componente clave de Ma'at, encarnaba el compromiso de los egipcios con la equidad, la imparcialidad y la conducta ética. Se creía que mantener la justicia en los asuntos humanos era crucial para mantener el orden cósmico. Al perseguir la justicia, los egipcios reconocían la importancia de adherirse a los principios de Ma'at, asegurando el bienestar y la estabilidad de toda la sociedad. El concepto de Ma'at reflejaba la conciencia de los egipcios de la interacción entre los reinos humano y divino. Creían que los dioses y diosas eran los custodios de Ma'at, responsables de mantener el equilibrio cósmico. A través de sus rituales, ceremonias y conducta ética, los egipcios trataban de alinearse con el orden divino, contribuyendo a la armonía general del universo.

La filosofía egipcia, que hace hincapié en Ma'at, proporciona una visión fascinante de la antigua comprensión del cosmos y de la existencia humana. Ofrece una perspectiva holística que integra dimensiones morales, sociales y cósmicas, destacando la aguda observación del mundo natural por parte de los egipcios y sus conocimientos sobre los principios subyacentes que lo rigen.

La verdad del estoicismo

Zenón de Citio, filósofo griego, fue el primero en popularizar el estoicismo, que los romanos acabaron adoptando. La paciencia proporcionaba un método para encontrar la paz interior en medio del caos de la vida. El mensaje central del estoicismo era que la virtud y la razón debían regir la conducta humana y que los acontecimientos externos debían aceptarse y afrontarse con serenidad. Los estoicos creían que, si las acciones y las ideas de uno estaban en armonía con el orden natural del cosmos, a veces denominado "logos", uno podía encontrar placer y satisfacción. Creían firmemente que cultivar cualidades como el conocimiento, la valentía, la justicia y la templanza era el camino hacia una existencia plena y significativa, y hacían especial hincapié en la importancia de controlar los apetitos y las emociones. Al emular estos valores, las personas podrían trabajar hacia la eudemonía, una condición de auténtica prosperidad y bienestar general. El estoicismo no consiste en reprimir las emociones o retirarse del mundo, sino en abrazar la serenidad interior. Al centrarnos en lo que está bajo nuestro control, la adopción de los principios estoicos nos permite cultivar la resiliencia, sortear la adversidad y salir fortalecidos de la tormenta. Es una filosofía que susurra: "Tienes el poder de elevarte".

La atención de Buda

Ahora, viaje hacia el este, a los encantadores reinos de Asia, donde las filosofías orientales encierran las claves de la atención plena y el equilibrio interior. Mientras pasea por paisajes exuberantes, las enseñanzas del budismo y el taoísmo le atraerán como radiantes faroles en el crepúsculo, guiándole hacia la conexión con la experiencia humana.

En el abrazo de la atención plena budista, se le invita a habitar plenamente el momento presente, apreciando la belleza y la simplicidad entretejidas en cada respiración. A través de esta práctica, despertarás a la vibrante conexión de sensaciones, pensamientos y emociones que pintan el lienzo de tu existencia. Con una conciencia suave, cultivas una comprensión más profunda de ti mismo, encontrando paz y tranquilidad en la quietud que reside en tu interior. Dentro de la atención plena, el budismo ofrece un refugio para explorar las profundidades del ser. Observar el flujo cambiante de pensamientos y emociones sin juzgarlos abre las puertas a la paz interior y la compasión. La atención plena se convierte en un recipiente para la transformación personal, iluminando el camino hacia la autoaceptación, la empatía y la resiliencia. Las enseñanzas del budismo ofrecen una visión de las complejidades de tu mente, desvelando patrones de pensamiento y arrojando luz sobre la naturaleza del sufrimiento y la condición humana. En esta exploración, te transformas y desarrollas una comprensión de la interconexión de todos los seres vivos y de la impermanencia inherente que da forma a nuestra existencia compartida.

En el marco de la atención plena budista, los encantadores reinos de Asia se convierten en un santuario para el autodescubrimiento y el crecimiento. Las radiantes linternas del budismo iluminan el camino, guiándote hacia una integración armoniosa de mente, cuerpo y espíritu. En la suave quietud de cada momento presente, descubrirás un manantial de sabiduría que te permitirá navegar por las complejidades de la vida con gracia y serenidad.

La armonía de Ubuntu

En las vastas sabanas de África y en sus antiguas civilizaciones, una filosofía de interconexión conocida como Ubuntu revela el extraordinario poder de la armonía comunitaria. Ubuntu te susurra al oído, instándote a reconocer el valor y la dignidad inherentes a cada alma. Te enseña que tu bienestar está inextricablemente ligado al bienestar de los demás y que, al abrazar esta interconexión, desbloqueas la verdadera esencia de la humanidad. En el cálido abrazo de Ubuntu, encuentras la fuerza para superar las divisiones, fomentar la compasión y construir un mundo en el que todos nos levantemos juntos.

Filosofía, moral e identidad

Al repasar la diversidad de perspectivas filosóficas, nos encontramos con su impacto en la conformación de la moral y la perspectiva personal a lo largo de la historia. Los antiguos filósofos comprendieron el poder transformador de la filosofía para guiar a los individuos hacia la virtud e iluminar el camino hacia una existencia con sentido.

A lo largo de la historia, el desarrollo del mundo se ha visto modelado por las aportaciones de diversas culturas y pueblos, desmintiendo la idea de que el progreso se atribuye únicamente a una raza.

Desde las maravillas arquitectónicas del antiguo Egipto hasta los avances matemáticos de la India y los logros intelectuales de los eruditos durante la Edad de Oro islámica, numerosas civilizaciones han dejado huellas indelebles en el conocimiento humano.

Además, las culturas indígenas de todo el mundo ofrecen perspectivas únicas sobre la ética, la sabiduría y la interconexión. Reconocer la diversidad de las contribuciones nos permite apreciar los ricos vínculos de los logros humanos y fomentar una comprensión más integradora de nuestro patrimonio mundial compartido.

Por ejemplo, los diálogos de Platón subrayaban la búsqueda de la sabiduría para alcanzar la excelencia moral.

A través de su método socrático, Sócrates emprendió una rigurosa indagación filosófica, fomentando el autoexamen y el desarrollo de las virtudes morales. Estos antiguos filósofos reconocían que la verdadera sabiduría no radicaba únicamente en acumular conocimientos, sino en encarnar unos rasgos de carácter virtuosos.

Las ideas intemporales derivadas de la sabiduría de estos antiguos pensadores siguen dando forma a las teorías éticas contemporáneas, informando nuestra comprensión de la moralidad. Su comprensión de la condición humana y la importancia de la introspección son lecciones inestimables que nos sirven de guía para forjar nuestros valores personales y tomar decisiones éticas en nuestras vidas.

Ética personal y su conexión con la filosofía

Consideremos el mosaico de ideas filosóficas que conforman intrincadamente nuestros marcos éticos personales. Como maestros artesanos del razonamiento moral, examinamos las pinceladas de la ética de la virtud de Aristóteles, las audaces pinceladas de los principios deontológicos de Kant, los calculados patrones del cálculo utilitarista de Mill y las intrincadas teselaciones de la teoría de la justicia de Rawls. A través de esta lente académica, comprendemos cómo estos fundamentos filosóficos infunden profundidad y matices a nuestras propias creencias éticas.

Para ilustrar la aplicación práctica de la filosofía en la ética personal, consideremos el intrigante estudio de caso del Dilema del Trolebús. Este experimento mental nos enfrenta a un escenario en el que un tranvía fuera de control se precipita hacia una intersección en obras en la que es casi seguro que una colisión costará un mínimo de cinco vidas. El conductor tiene la opción de pulsar un botón que cambiaría las vías y modificaría el rumbo, pero al hacerlo provocaría una cadena de acontecimientos que costaría una vida. Basándonos en los principios del consecuencialismo, nos enfrentamos a las implicaciones éticas de elegir entre minimizar el daño global que afecta a múltiples vidas o reconocer el valor de una sola vida. Al realizar un análisis riguroso y reflexionar sobre la compleja toma de decisiones morales en situaciones de vida o muerte, adquirimos una mayor conciencia de cómo la filosofía informa y guía nuestras decisiones éticas.

Filosofía Valores y ética

En la época contemporánea, la filosofía desempeña un papel crucial en la formación de los valores individuales y la orientación del juicio moral. Las ideas filosóficas proporcionan marcos para analizar los enigmas morales, ayudando a las personas a lograr una existencia buena y honesta.

Estos marcos filosóficos permiten a las personas evaluar racionalmente dilemas morales complejos y tomar decisiones moralmente responsables. La filosofía proporciona a las personas las habilidades que necesitan para reflexionar sobre los efectos de sus actos, pensar en los valores que aprecian y abordar los dilemas éticos de forma reflexiva y moralmente recta. Se puede desarrollar una visión del mundo más integradora y compasiva desafiando los prejuicios culturales y las normas sociales, como fomenta la filosofía. Alienta una mayor comprensión de muchos puntos de vista y fomenta la empatía al desafiar a las personas a considerar sus prejuicios, ideas preconcebidas y suposiciones.

Piensa en las teorías éticas como diferentes lentes a través de las cuales podemos ver y enfocar la toma de decisiones morales. Por ejemplo, la deontología hace hincapié en nuestros deberes morales y en la importancia de seguir principios éticos. El utilitarismo, por su parte, se centra en maximizar la felicidad o el bienestar general. Y la ética de la virtud destaca el cultivo de rasgos de carácter virtuosos como fundamento del comportamiento ético. El estudio de estas perspectivas filosóficas nos aporta valiosas ideas que nos permiten evaluar los dilemas éticos y tomar decisiones responsables de forma reflexiva. La filosofía nos dota de la capacidad de reflexionar sobre las consecuencias de nuestros actos, contemplar los valores que apreciamos y afrontar los retos éticos con sabiduría e integridad moral.

Además, la filosofía nos anima a cuestionar las normas y prejuicios sociales, fomentando una visión del mundo más integradora y compasiva. Explorar diversas ideas filosóficas nos hace estar más abiertos a diferentes perspectivas y aprender a enfrentarnos a nuestros prejuicios y suposiciones. Este proceso fomenta la empatía y profundiza nuestra comprensión de la compleja naturaleza de la toma de decisiones morales.

Utilizar la filosofía para la autorreflexión y el crecimiento

Nuestro cerebro se despierta notablemente con la filosofía, que fomenta el pensamiento crítico, la introspección y el desarrollo intelectual. Nos anima a preguntar, reflexionar e investigar los grandes misterios de la existencia. Nos pide que emprendamos un viaje intelectual. La filosofía es una brújula en este empeño, que conduce a una comprensión más rica de nosotros mismos y del mundo que nos rodea.

La práctica del pensamiento crítico es la esencia de la filosofía. Nos permite pensar por nosotros mismos, cuestionar presunciones y evaluar conceptos complejos con discernimiento. Desarrollamos nuestra capacidad para evaluar pruebas, detectar errores lógicos y construir argumentos persuasivos mediante la interacción con ideas y debates filosóficos. La filosofía nos permite vadear el inmenso océano de la información, nos capacita para distinguir entre realidad y ficción y abordar el conocimiento con una perspectiva más discriminatoria y crítica. Pero la filosofía es más que una actividad cerebral: nos invita a reflexionar sobre nosotros mismos. Nos desafía a indagar profundamente y a desarrollar una comprensión de nuestra brújula moral animándonos a analizar nuestros supuestos, valores y creencias. Podemos desarrollarnos ética e individualmente tomando conciencia de nuestros sesgos, prejuicios y puntos ciegos a través de la introspección. La filosofía sirve de espejo, refleja nuestras creencias fundamentales y nos presiona para que tomemos decisiones coherentes con nuestros valores esenciales. Nos permite llevar una vida más reflexiva, tomar decisiones deliberadas y desarrollar nuestro carácter con honestidad e integridad.

La filosofía despierta la curiosidad intelectual e influye en nuestra capacidad de pensar críticamente y reflexionar sobre nosotros mismos. Nos anima a investigar las tradiciones filosóficas que atraviesan todas las épocas y civilizaciones. Al estudiar diversos puntos de vista filosóficos ampliamos nuestras miras y profundizamos nuestra conciencia de la condición humana. Las profundas cuestiones existenciales que plantea la filosofía nos llevan a considerar la naturaleza de la realidad, los límites del conocimiento y la complejidad de nuestra existencia. Nuestras vidas se enriquecen y nuestros cerebros se nutren de esta búsqueda intelectual, que nos sitúa en una senda de desarrollo intelectual para toda la vida.

Ética social y filosofía

Algunas teorías éticas ofrecen lentes únicas a través de las cuales podemos examinar y comprender problemas sociales acuciantes. Desde el consecuencialismo, que se centra en los resultados, a la ética deontológica, que hace hincapié en los deberes y derechos morales, y desde la ética de la virtud, que cultiva el carácter virtuoso, a la ética feminista, que persigue la igualdad de género, cada teoría ilumina diferentes dimensiones de los retos éticos a los que nos enfrentamos en la sociedad. Mediante un análisis riguroso, desentrañamos el impacto de estas teorías en el discurso social y la toma de decisiones. Las teorías éticas ofrecen marcos inestimables a través de los cuales podemos examinar y comprender

problemas sociales acuciantes. Desde el consecuencialismo, que se centra en los resultados, hasta la ética deontológica, que hace hincapié en los deberes y los derechos morales, y desde la ética de la virtud, que cultiva el carácter virtuoso, hasta la ética feminista, que persigue la igualdad de género, cada teoría ilumina diferentes dimensiones de los retos éticos a los que nos enfrentamos en la sociedad. A través de un análisis riguroso, desentrañamos el impacto de estas teorías en el discurso social y la toma de decisiones, lo que nos permite navegar por dilemas éticos complejos con mayor claridad y perspicacia. En nuestra exploración de la ética social, escudriñamos los fundamentos de una sociedad justa examinando las perspectivas filosóficas sobre la justicia. Nos adentramos en teorías como la de John Rawls sobre la justicia como equidad y el enfoque de las capacidades de Martha Nussbaum. Estas perspectivas arrojan luz sobre cómo podemos abordar las desigualdades sistémicas, promover la inclusión y luchar por el progreso social. Al comprometernos con estas ideas filosóficas y aplicar el pensamiento crítico, adquirimos las herramientas para navegar por las complejidades de la ética social y trabajar para crear una sociedad más justa y equitativa.

Filosofía y cosmovisión

Esta sección profundiza en la experiencia humana examinando cómo las ideas filosóficas influyen en las lentes a través de las cuales percibimos e interpretamos nuestro entorno inmediato. Examinaremos el prisma filosófico que responde a la eterna pregunta sobre el valor y el propósito de la existencia. Nos basamos en diversas perspectivas filosóficas que iluminan nuestras luchas existenciales, desde la exploración del existencialismo sobre la validez y la oportunidad humanas hasta los puntos de vista teológicos que buscan una explicación en la voluntad y el diseño del cosmos. Al analizar estas especulaciones, consideramos sus significativas ramificaciones para nuestros visitantes y las estructuras a través de las cuales determinamos la razón a lo largo de la vida cotidiana.

Comienza así una fascinante indagación sobre el modo en que las ideas filosóficas resuenan en el interior de las visiones individuales y colectivas, influyendo en nuestra forma de entender el mundo, lo sublime y la naturaleza humana. El análisis básico revela la considerable influencia que ejercen los puntos de vista filosóficos en la formación de nuestras creencias, valores y narrativas sociales. Nos adentramos en el intrincado tapiz de creencias que envuelve nuestros puntos de vista, desde el pensamiento antiguo de Platón y Aristóteles hasta las vanguardistas formas de razonar de Descartes y Kant.

Esta ilustración se basa en cómo la investigación examina las conexiones entre las filosofías orientales y occidentales y cómo los diversos puntos de vista afectan a la forma en que percibimos el mundo y la condición humana. Aportaría un valor añadido a nuestro debate si pudiéramos comprender mejor la variedad de puntos de vista que intervienen en la creación de la textura de perspectivas que conforman el universo comparando tradiciones filosóficas como el confucianismo, el budismo de la armonía, la ausencia de emociones y el existencialismo.

Capítulo 3: Sabiduría

"Conocerse a sí mismo es el principio de toda sabiduría."
— **Aristotle**

¿Qué es la sabiduría?

La sabiduría, un concepto tan elusivo como venerado, evoca toda una serie de interpretaciones y connotaciones. En su esencia, la sabiduría puede comprenderse a través de sus diversas facetas: sagacidad, capacidad de reflexionar y actuar con determinación, aprovechamiento de una reserva de conocimientos adquiridos, sabiduría experiencial obtenida al recorrer el tapiz de acontecimientos pasados, comprensión matizada, sentido común entretejido con perspicacia.

Su magnitud se extiende a todos los ámbitos, impregna todas las profesiones y resuena en el tejido de las interacciones sociales. Recibe muchos nombres, como filosofía, prudencia, perspicacia, sagacidad o previsión. La sabiduría, la codiciada cumbre de las aspiraciones humanas, parece manifestarse a menudo en una etapa posterior de la vida, elaborada meticulosamente a través del crisol de la experiencia.

Aunque esta creencia tiene algo de verdad, es una comprensión incompleta. A menudo se pasa por alto el principio fundamental de la sabiduría, que reside en un apetito insaciable por aprender: una disposición profundamente arraigada a adquirir grandes cantidades de conocimientos en el campo elegido, junto con una aceptación resuelta de las propias imperfecciones, aceptando cada verruga y defecto, todo ello en pos de la superación personal. La familiaridad con este himno es común, pero sigue obligando a preguntarse: ¿qué es la sabiduría? Para comprenderlo a fondo, nos adentramos en las perspectivas históricas y culturales de la sabiduría, arrojando luz sobre cómo las distintas sociedades a lo largo del tiempo han venerado y buscado la sabiduría como principio rector. A lo largo del conjunto de experiencias de la humanidad, la sagacidad ha sido venerada como una cualidad extraordinaria perseguida por personas, redes y civilizaciones. Las culturas antiguas de todo el mundo tenían a la sabiduría en alta estima, reconociendo su poder transformador y la guía que proporciona para navegar por las complejidades de la existencia. Desde los sabios de la antigua China hasta los venerados filósofos de la antigua Grecia, la sabiduría se ha considerado la cima de los logros humanos y representa una integración armoniosa del conocimiento, la perspicacia y la comprensión práctica.

Examinar el contexto histórico nos permite apreciar la búsqueda humana universal de la sabiduría, que trasciende las fronteras culturales y el tiempo. Al adentrarnos en las antiguas tradiciones de sabiduría, como las enseñanzas de Confucio, la literatura sapiencial del antiguo Egipto o los escritos filosóficos de los estoicos, nos hacemos una idea de la relevancia perdurable de la sabiduría en todas las civilizaciones.

Además, exploramos las perspectivas culturales de la sabiduría, reconociendo que las distintas sociedades han valorado y conceptualizado la sabiduría de forma única. Las culturas indígenas, por ejemplo, han venerado la sabiduría de sus mayores, reconociendo la sabiduría adquirida a través de las experiencias vividas y de una profunda conexión con el mundo natural. En cambio, las sociedades modernas a menudo valoran el conocimiento académico y la experiencia como indicadores de sabiduría, haciendo hincapié en la importancia de las actividades intelectuales y el conocimiento especializado. Comprender las perspectivas históricas y culturales de la sabiduría nos permite apreciar la rica interrelación de las tradiciones de sabiduría humana y las diversas formas en que se ha percibido y buscado la sabiduría. Proporciona un contexto más amplio para el debate sobre el valor de la sabiduría y su papel en el desarrollo personal y social.

La sabiduría, con su naturaleza polifacética, extiende su influencia a todos los ámbitos de la existencia humana. Impregna las profesiones, las relaciones, los procesos de toma de decisiones y el tejido de las interacciones sociales. La búsqueda de la sabiduría abarca la sagacidad, la capacidad de reflexionar y actuar con determinación, recurriendo a un manantial de conocimientos adquiridos y sabiduría experiencial. Implica una comprensión matizada, que combina el sentido común con perspectivas perspicaces obtenidas al recorrer las experiencias de acontecimientos pasados.

Filosofía en relación con la sabiduría

Como evocan las palabras de Sócrates, el venerable sabio considerado el progenitor de la filosofía occidental proclamó: "La única sabiduría verdadera está en saber que no sabes nada". Analicemos brevemente esta cita y desentrañemos algunos de sus entresijos. ¿Qué quería decir realmente Sócrates con la audaz afirmación de "saber que no se sabe nada"? En el fondo, implica una voluntad inquebrantable de aprender y una sed insaciable de conocimiento. Sin embargo, si se examina más de cerca, la dicotomía emerge, desvelando la profundidad. En esencia, Sócrates postulaba que sólo aquellos que reconocen sus propias limitaciones intelectuales, que reconocen humildemente su vasta ignorancia, se embarcan en la búsqueda incesante del conocimiento, buscando la sabiduría de cada individuo que encuentran a lo largo del laberíntico viaje de la vida, ya sea miembro de la realeza o mendicante.

A la inversa, la mayoría de la gente es sabia sobre algo en el sentido de que es más que experta en analizar o navegar por algún aspecto de la vida. La sabiduría evoluciona constantemente cuando se combina la experiencia y el crecimiento personal con la configuración actual del microchip del cerebro para obtener una potencia de procesamiento más eficiente que complemente la cantidad de memoria RAM y espacio en el disco duro del cerebro.

La yuxtaposición de filosofía y sabiduría

Filosofía y Sabiduría van a menudo de la mano. Se podría llegar a decir que la Sabiduría es amiga de la Filosofía, como indica la traducción aproximada de "filósofo" como "Amigo de la Sabiduría". La palabra "Filosofía" significa el amor de la Sabiduría. La Filosofía había encontrado su más humilde de los comienzos como una respuesta directa a la vida misma, en su sentido más amplio. Sabiduría y filosofía son dos conceptos muy intrigantes cuando se ponen uno al lado del otro. Eruditos y pensadores los han contemplado y examinado a lo largo del extenso tapiz de la historia de la humanidad. Tanto la sabiduría como la filosofía implican la búsqueda del conocimiento y la comprensión, pero su naturaleza y métodos difieren.

La sabiduría, a menudo considerada la cúspide absoluta del entendimiento humano, engloba la acumulación de conocimientos, perspicacia y juicio adquiridos a través de la experiencia, la reflexión y una profunda comprensión del mundo y del entorno del individuo. Es el resultado de un proceso permanente de aprendizaje, introspección y perfeccionamiento personal.

La sabiduría no se limita a la adquisición de información o hechos, sino que implica el discernimiento para aplicar ese conocimiento de forma eficaz y ética.

La sabiduría surge de una combinación de intelecto, inteligencia emocional, intuición y discernimiento moral, que da como resultado una comprensión global de las complejidades y los retos de la vida. Por otro lado, la filosofía es una indagación sistemática y racional de cuestiones fundamentales sobre la existencia, el conocimiento, los valores, la razón y la realidad. Es una disciplina que trata de descubrir la verdad mediante el análisis lógico, el pensamiento crítico y el examen de diversos conceptos y teorías.

La filosofía abarca una amplia gama de ramas, como la metafísica, la epistemología, la ética, la estética y la lógica, cada una de las cuales aborda aspectos específicos de la existencia humana. A diferencia de la sabiduría, que hace hincapié en el conocimiento práctico y el crecimiento personal, la filosofía suele centrarse en los marcos teóricos y la exploración intelectual. Es una disciplina mucho menos tangible que la sabiduría, aunque sea idealista. Emprendemos un apasionante viaje a las profundidades de ciertas tradiciones filosóficas y a los descubrimientos de importantes pensadores a lo largo de la historia para comprender plenamente el vínculo entre sabiduría y filosofía. Al sumergirnos en sus pensamientos e ideologías, obtenemos valiosísimos conocimientos sobre las sutiles relaciones entre filosofía y sabiduría en la interminable búsqueda de la verdad y el conocimiento.

Los antiguos filósofos griegos Sócrates, Platón y Aristóteles nos seducen con sus importantes aportaciones al concepto de sabiduría al comenzar nuestra investigación. Sócrates, a quien a veces se atribuye el mérito de ser el fundador de la filosofía occidental, instaba a las personas a adoptar una actitud modesta de estudio e introspección continuos. Su conocida afirmación: "La única sabiduría verdadera consiste en saber que no se sabe nada", nos saca de nuestra autocomplacencia y nos impulsa a un proceso dinámico de indagación y contemplación.

Platón se basa en las ideas de Sócrates y nos conduce en sus diálogos filosóficos a un fascinante viaje por la naturaleza de la sabiduría. En su alegoría de la caverna, Platón ilustra la noción de que el auténtico conocimiento puede adquirirse superando las limitaciones de la experiencia sensorial y adentrándose en el mundo de las Formas o Ideas. Según Platón, la sabiduría consiste en sumergirse profundamente en las verdades intemporales y universales que yacen bajo el mundo de las apariencias en constante cambio.

A través de su influyente libro Ética a Nicómaco, Aristóteles, un aplicado alumno de Platón, ofrece su particular visión de la sabiduría. La sabiduría, según Aristóteles, es el tipo más elevado de virtud intelectual e incluye la capacidad de reconocer los objetivos últimos y las estrategias para alcanzarlos. Incluye tanto el conocimiento teórico, que implica comprender las leyes del cosmos, como el conocimiento práctico, que implica utilizar esa sabiduría para emitir juicios morales y realizar buenas acciones.

El ámbito de nuestra investigación se extiende más allá de la Grecia clásica y abarca diversas escuelas filosóficas que han debatido el significado de la sabiduría a lo largo de la historia. Diversos puntos de vista sobre la sabiduría como componente crucial del florecimiento humano y el comportamiento moral son ofrecidos por filosofías orientales como el confucianismo y el budismo.

El confucianismo, que hunde sus raíces en la antigua China, hace especial hincapié en el desarrollo del conocimiento como medio para lograr unas relaciones pacíficas y el orden social. Como elementos esenciales de la sabiduría, Confucio destaca el valor del autocultivo, la rectitud moral y la búsqueda del conocimiento. El ideal confuciano del Junzi, que a veces se traduce como "persona noble" o "caballero", representa el pináculo de la brillantez moral y la perspicacia.

El budismo, que hunde sus raíces en la antigua India, ofrece un punto de vista único sobre el conocimiento. En el budismo, la perspicacia y la comprensión de la esencia última de las cosas están íntimamente relacionadas con la sabiduría. Se insta a las personas a cultivar la sabiduría superando los engaños del ego y logrando una conciencia directa de la interconexión y la impermanencia mediante técnicas como la atención plena y la meditación. Empezamos a descubrir los vínculos entre filosofía y sabiduría estudiando estas numerosas tradiciones filosóficas. Los objetivos principales de la sabiduría y la filosofía son el conocimiento, la comprensión y la verdad. Fomentan un compromiso de por vida con el estudio y la introspección, al tiempo que reconocen los límites de la comprensión humana.

La filosofía profundiza en los marcos teóricos y la investigación intelectual para encontrar soluciones a cuestiones básicas relativas a la existencia, el conocimiento, los valores, la razón y la realidad. La sabiduría hace hincapié en la aplicación práctica del conocimiento y el desarrollo humano. En conjunto, los subcampos filosóficos de la metafísica, la epistemología, la ética, la estética y la lógica examinan las múltiples facetas de la vida humana. La sabiduría y la filosofía se entrecruzan armoniosamente en su objetivo mutuo de ampliar el conocimiento humano e intensificar nuestra interacción con el mundo a pesar de sus metodologías divergentes. Nuestra búsqueda del conocimiento sobre la naturaleza de la realidad, el sentido de la vida y las leyes subyacentes del cosmos impulsan la sabiduría y la filosofía.

El estudio de la sabiduría y la filosofía nos permite comprender mejor las ideas de pensadores de renombre y aplicarlas a nuestras vidas. La indagación en la filosofía y la sabiduría del pasado nos proporciona las habilidades necesarias para afrontar las dificultades de la vida con mayor claridad, conocimiento y determinación. Salimos de esta indagación sintiéndonos iluminados, preparados para emprender nuestros propios viajes en busca de conocimiento y significado, y dispuestos a hacer contribuciones significativas tanto a nuestras propias vidas como al mundo en que vivimos.

Diferencias entre sabiduría y filosofía

La sabiduría y la filosofía, a pesar de que comparten la búsqueda del conocimiento y la comprensión, divergen significativamente en cuanto a su alcance y metodología. Aunque ambas disciplinas contribuyen a explorar conceptos, abordan sus investigaciones desde perspectivas distintas. La sabiduría, en esencia, se cultiva a través de la experiencia personal, la introspección y la observación del mundo, lo que la convierte en una forma de conocimiento personal e individualista. Está estrechamente entrelazada con las perspectivas únicas de cada uno, su bagaje cultural y las lecciones prácticas acumuladas a lo largo de la vida.

Como resultado, la sabiduría abarca una amplia gama de conocimientos prácticos y toma de decisiones informadas, íntimamente ligadas al crecimiento personal y la autorreflexión. Por el contrario, la filosofía adopta un enfoque sistemático de la adquisición de conocimientos y la investigación. La filosofía trasciende los límites de la subjetividad individual para explorar conceptos abstractos y verdades universales porque se basa en el razonamiento riguroso, el análisis lógico y el pensamiento crítico. Se esfuerza por descubrir principios fundamentales y examinar la naturaleza de la existencia, la realidad, la moralidad y el conocimiento. Mediante el empleo de marcos lógicos y el rigor intelectual, la filosofía trata de trascender los prejuicios personales y las influencias culturales para llegar a verdades objetivas o marcos filosóficos que ofrezcan explicaciones completas del mundo.

Al explorar las distinciones entre sabiduría y filosofía podemos deducir que los individuos que abrazan estas disciplinas aprecian los efectos profundos y transformadores que tienen en la vida personal y profesional. La sabiduría es un rasgo escaso y extremadamente valioso en cualquier entorno profesional o empresarial. Posee la capacidad de elevar la conciencia de los individuos de tal manera que son capaces de ver más allá de las meras normas y marcos estandarizados y, en ocasiones, impulsar el progreso de la sociedad. Muchos de sus rasgos pueden traducirse en diversos elementos, como la planificación y evaluación eficaces, la integración de la moral y el cultivo de un proceso de toma de decisiones cómodo y seguro.

Los atributos de la sabiduría son ilimitados, junto con la capacidad de prever y, en última instancia, alcanzar objetivos a largo plazo. A las personas consideradas sabias también se las considera previsoras. Esta capacidad previsora, la mentalidad que siempre está buscando una solución a una dolencia o problema, proporciona a estas personas una salida inmediata para resolver un problema, al tiempo que sopesan en gran medida las consecuencias de sus acciones y elecciones. Pueden evaluar la viabilidad y los resultados de distintos caminos, impulsando así su movilidad ascendente. Todo esto viene a decir que los individuos sabios tienen la previsión de anticiparse a los retos y adaptar sus planes en consecuencia sin prestar demasiada atención al pánico o a pensar demasiado.

La síntesis y el cultivo de la sabiduría

La sabiduría es mucho más que la mera comprensión intelectual de un determinado tema o profesión; se trata de un punto de vista crucial porque la sabiduría engloba una sólida brújula moral. Las personas sabias abordan una situación con sentido práctico y reconociendo las dimensiones éticas de sus decisiones y acciones. Consideran el impacto en sí mismos, en los demás y en la sociedad.

La moralidad es un principio clave que garantiza que su conciencia se basa en la justicia, la integridad y la compasión. Se puede decir que estos factores también garantizan una sensación de comodidad continua con sus elecciones. Como ya hemos establecido, la sabiduría se cultiva a través de mucha experiencia personal, por lo que no sería demasiado exagerado decir que los individuos sabios suelen ser sinónimo de un fuerte sentido de autoconciencia al comprender sus valores, puntos fuertes y limitaciones. La planificación desempeña un papel fundamental en la toma de conciencia de la sabiduría. Las personas sabias reconocen el valor de una preparación meditada para tomar decisiones acertadas. Mediante una planificación deliberada y proactiva, las personas pueden anticiparse a posibles retos, considerar diversas opciones y evaluar las consecuencias a largo plazo de sus elecciones. La planificación permite una evaluación exhaustiva de los factores en juego, fomentando un enfoque holístico de la toma de decisiones.

Al explorar el tema de la mayor conciencia asociada a la sabiduría, descubrimos el poder transformador de la sabiduría a la hora de dar forma a las trayectorias vitales de las personas. Al examinar ejemplos de la vida real y estudios de casos, podemos ver cómo la sabiduría ha impulsado a las personas a alcanzar el éxito y el crecimiento personal en diversos campos. Asimismo, podemos profundizar en estrategias y técnicas prácticas para desarrollar la sabiduría, iluminando su impacto en los objetivos a largo plazo y en el progreso profesional.

A lo largo de los anales de la historia de la humanidad, líderes sagaces, empresarios astutos y profesionales eruditos han demostrado inequívocamente la importancia indispensable de la sabiduría en sus extraordinarias hazañas y logros. Pensemos, por ejemplo, en la historia de Warren Buffett, una figura que ha sido ampliamente aclamada como ejemplo de una destreza sin parangón en el ámbito de la inversión. Las decisiones de inversión de Buffett se han guiado por su astuta perspicacia, su comprensión del mercado y la sagacidad que ha adquirido a lo largo de varias décadas.

Su astuta aptitud para discernir valores infravalorados, mostrar paciencia y ejecutar decisiones de inversión juiciosas le han reportado extraordinarios triunfos fiscales, impulsándole al cenit del ámbito empresarial. Paralelamente, la figura de Steve Jobs, el sagaz cofundador de Apple, es un ejemplo perfecto de la influencia que ejerce la sagacidad para moldear el rumbo de una empresa. La perspicacia estratégica, la ideación visionaria y la aptitud clarividente de Jobs desempeñaron un papel fundamental en la metamorfosis de Apple en una fuerza formidable en el ámbito de la tecnología mundial. La sagacidad de Jobs le permitió maniobrar con destreza en la intrincada dinámica del mercado, inspirar a sus equipos y crear productos pioneros que supusieron un cambio de paradigma en numerosos sectores. Más allá del ámbito empresarial, el impacto de la sabiduría en la conciencia se extiende a varias profesiones. Pensemos en el campo de la medicina, donde los médicos sabios navegan por las complejidades de la atención al paciente, recurren a sus amplios conocimientos y experiencia y toman decisiones informadas que salvan vidas y mejoran los resultados sanitarios. Estos profesionales de la salud demuestran el impacto de la sabiduría en su práctica, demostrando que no se limita únicamente al ámbito de los negocios, sino que impregna todos los ámbitos.

Los individuos pueden cultivar ciertas habilidades y cualidades para desarrollar la sabiduría y aprovechar su potencial para la movilidad ascendente. En primer lugar, el compromiso con el aprendizaje permanente y la curiosidad intelectual sientan las bases para el crecimiento de la sabiduría. La apertura a nuevas ideas, la formación continua y la búsqueda de conocimientos en sus respectivos campos permiten a las personas ampliar sus conocimientos y adquirir la perspicacia necesaria para tomar decisiones acertadas.

Además, el cultivo de la autorreflexión y la introspección desempeña un papel fundamental en la maduración de la sabiduría. A través del proceso deliberado de introspección, los individuos pueden evaluar exhaustivamente sus valores personales, sus aptitudes inherentes y sus áreas de vulnerabilidad. Este esfuerzo introspectivo facilita la comprensión de la propia esencia, permitiendo a los individuos tomar decisiones congruentes con su identidad genuina. El autoconocimiento permite a las personas aprovechar eficazmente sus puntos fuertes inherentes y buscar activamente vías de desarrollo personal, acercándose así a la consecución de los objetivos deseados. La integración de la moral y la ética también es vital para aumentar la conciencia asociada a la sabiduría. Los individuos sabios reconocen que el éxito no debe producirse a expensas de los principios éticos y del bienestar de los demás. Dan prioridad a la integridad, la empatía y la responsabilidad social, entendiendo que el éxito sostenible se construye sobre una base de toma de decisiones éticas y de impacto positivo.

Además, la planificación y la evaluación eficaces desempeñan un papel fundamental en la mayor conciencia adquirida a través de la sabiduría. Las personas sabias reconocen el valor de una preparación meditada para tomar decisiones acertadas. Mediante una planificación deliberada y proactiva, las personas pueden anticiparse a posibles retos, considerar diversas opciones y evaluar las consecuencias a largo plazo de sus elecciones. La planificación permite una evaluación exhaustiva de los factores en juego, fomentando un enfoque holístico de la toma de decisiones que maximiza la probabilidad de obtener resultados satisfactorios.

La sabiduría también implica adaptabilidad y capacidad para sortear la incertidumbre. Las personas sabias reconocen que el cambio es inevitable y lo afrontan con resiliencia y flexibilidad. Adoptan una mentalidad de crecimiento y ven los retos como oportunidades de aprendizaje y desarrollo personal. Esta adaptabilidad les permite aprovechar las oportunidades y sortear los obstáculos, garantizando un aumento continuo de la conciencia ante unas circunstancias en constante evolución.

La responsabilidad y la moralidad de la sabiduría

En el ámbito de la sabiduría se encuentra el reconocimiento de la responsabilidad, que se entrelaza con el tejido moral de la existencia humana. A medida que los individuos ejercen su libre albedrío, se les confiere la pesada responsabilidad de las consecuencias derivadas de sus elecciones. Este reconocimiento plantea el imperativo de dar prioridad a la toma de decisiones que se ajusten a los principios morales, fomentando el crecimiento personal y contribuyendo al mismo tiempo a la mejora de uno mismo, de los demás y del mundo en general. Explorar las teorías y los marcos éticos que sustentan la toma de decisiones morales revela valiosas ideas sobre las dimensiones morales de la sabiduría, ofreciendo orientación sobre cómo las personas pueden navegar por la intrincada red de opciones de la vida con sagacidad e integridad.

El consecuencialismo, como marco ético, sitúa firmemente el valor moral de una acción en el ámbito de sus resultados. Desde una perspectiva consecuencialista, los individuos que poseen sabiduría contemplan con diligencia las posibles ramificaciones de sus decisiones, esforzándose por optimizar el bienestar colectivo y minimizando al mismo tiempo cualquier consecuencia negativa. Este punto de vista obliga a los individuos a participar en una contemplación meticulosa, evaluando las consecuencias inmediatas y duraderas de sus esfuerzos. A través de la introspección y la contemplación de las posibles ramificaciones tanto en los individuos como en las comunidades, los individuos astutos poseen la capacidad de tomar decisiones con discernimiento que fomentan el avance del bienestar activo. Al armonizar sus decisiones con la búsqueda de una transformación constructiva y la mejora de la sociedad, estos individuos muestran una comprensión de la interconexión entre las acciones personales y el entorno más amplio.

En contraste, la deontología surge como otro marco ético que se centra en el deber moral y los principios éticos universales. Inspirada en las ideas de filósofos como Immanuel

Kant, la ética deontológica afirma que los individuos poseen ciertas obligaciones morales que son vinculantes, independientemente de las consecuencias. Para los individuos sabios que se guían por principios deontológicos, actuar de acuerdo con los deberes y principios morales tiene prioridad, incluso cuando se enfrentan a retos personales o resultados inciertos. Sus decisiones reflejan un respeto por el valor inherente y la dignidad de cada individuo, mientras sortean dilemas éticos manteniendo su integridad moral.

La ética de la virtud, como otro marco ético, dirige la atención hacia el cultivo de rasgos de carácter virtuosos y la excelencia moral. Las personas sabias que adoptan la ética de la virtud dan prioridad al desarrollo de cualidades como la honestidad, la compasión, la humildad y, sobre todo, la propia sabiduría. Reconocen que la sabiduría no surge únicamente del conocimiento, sino también del cultivo de virtudes que conforman su carácter y guían sus acciones. Al encarnar rasgos virtuosos, los individuos sabios contribuyen a la creación de relaciones armoniosas, a la toma de decisiones éticas y a una sociedad justa. Es importante reconocer que los marcos éticos no siempre proporcionan respuestas definitivas a las cuestiones morales. La complejidad de los dilemas éticos exige a menudo consideraciones matizadas. No obstante, explorar estos marcos invita a las personas a la autorreflexión, a discernir sus propios valores morales y a desarrollar una comprensión global de las dimensiones morales inherentes a la sabiduría. Además, la sabiduría abarca una profunda conciencia de la interconexión de las acciones y sus consecuencias de largo alcance. Los individuos sabios reconocen el efecto dominó de sus elecciones y comprenden que sus decisiones van más allá de las circunstancias inmediatas e influyen en comunidades más amplias y en las generaciones futuras. Esta mayor conciencia fomenta el sentido de la responsabilidad moral, instando a las personas a tomar decisiones que tengan en cuenta las repercusiones a largo plazo y respeten los principios éticos. Las implicaciones morales de la sabiduría van más allá de las acciones individuales y abarcan dimensiones sociales y globales. Los individuos sabios, conscientes del papel que desempeñan en la sociedad, se esfuerzan por contribuir al bien común y abordar los apremiantes retos sociales y medioambientales. Su sabiduría les impulsa a la acción y los anima a defender la justicia y las prácticas sostenibles.

Navegar por las emociones en la toma de decisiones:

Las emociones, con su intrincada interacción de pasión y razón, ejercen una influencia significativa en el ámbito de la toma de decisiones. A medida que las personas se esfuerzan por tomar decisiones sensatas, la capacidad de navegar por estas emociones con sabiduría y discernimiento se convierte en algo primordial. Para hacer frente a los complejos retos que plantean las emociones y la racionalidad, se pueden emplear técnicas y estrategias prácticas para cultivar la inteligencia emocional y la autorregulación. Explorando el rico panorama de las prácticas de atención plena, los ejercicios de conciencia emocional y las técnicas de reestructuración cognitiva, las personas pueden desarrollar las habilidades necesarias para navegar por la intrincada danza de sus emociones y tomar decisiones basadas en la sabiduría.

Las prácticas de atención plena, basadas en antiguas tradiciones contemplativas, son herramientas poderosas para cultivar la inteligencia emocional y la autorregulación. A través de la atención plena, las personas cultivan una conciencia abierta y sin prejuicios de su experiencia en el momento presente. Al dirigir suavemente su atención a las sensaciones, pensamientos y emociones que surgen en su interior, desarrollan una mayor capacidad para observar sus emociones sin enredarse en su vaivén. Esta mayor conciencia les permite responder a sus emociones con mayor ecuanimidad y claridad, facilitando una toma de decisiones más deliberada y perspicaz.

Curiosamente, las nuevas investigaciones científicas han puesto de relieve el impacto de la atención plena en el cerebro. Estudios realizados con técnicas de neuroimagen han demostrado que la práctica regular de mindfulness puede provocar cambios estructurales y funcionales en las regiones del cerebro relacionadas con la regulación de las emociones y la toma de decisiones. Estas pruebas subrayan el potencial transformador de la atención plena para cultivar el equilibrio emocional y la sabiduría. La atención plena junto con ejercicios de conciencia emocional proporciona una exploración rica y matizada del intrincado paisaje de las emociones. Al sintonizar conscientemente con sus experiencias emocionales, los individuos pueden desarrollar una comprensión más profunda de los matices, sutilezas y patrones que caracterizan sus respuestas emocionales.

Mediante prácticas reflexivas como escribir un diario, la imaginación guiada o las artes expresivas, las personas pueden comprender mejor los desencadenantes, los prejuicios y los patrones emocionales habituales que influyen en su proceso de toma de decisiones. Esta mayor autoconciencia emocional les permite dar un paso atrás, reconocer la influencia de sus emociones y tomar decisiones desde una posición de mayor perspicacia y claridad. Las técnicas de reestructuración cognitiva ofrecen otra vía valiosa para navegar por el intrincado terreno de las emociones en la toma de decisiones. Estas técnicas consisten en cuestionar y replantear los pensamientos y creencias inútiles que pueden contribuir a los prejuicios emocionales o a los juicios confusos.

Al examinar las pruebas que sustentan estos pensamientos y explorar perspectivas alternativas, las personas pueden desmantelar las distorsiones cognitivas y desarrollar un pensamiento más equilibrado y racional. Este proceso les capacita para navegar por las emociones con mayor objetividad, garantizando que sus decisiones no estén impulsadas únicamente por estados emocionales pasajeros, sino que estén informadas por el análisis razonado y la sabiduría.

Los ejemplos de la vida real y los estudios de casos pueden añadir una dimensión cautivadora a la exploración de la navegación de las emociones en la toma de decisiones. Al ilustrar cómo las personas han empleado eficazmente la inteligencia emocional y la autorregulación en diversos contextos, estas historias ponen de relieve el poder transformador de la sabiduría. Desde líderes que gestionan hábilmente sus emociones para tomar decisiones decisivas en situaciones de alto riesgo hasta personas que afrontan dilemas personales con gracia y claridad, estos ejemplos demuestran el impacto del equilibrio emocional en el proceso de toma de decisiones.

Emoción a flor de piel

Cabe señalar que es mucho más fácil decirlo que hacerlo; eso ya se deduce. Las emociones están siempre presentes en el diseño de nuestro cerebro y en nuestra psique. A veces es mucho más fácil dejar que nuestras emociones tomen el asiento del conductor que frenar y respirar. Entonces, seamos racionales y compartimentemos el escenario actual en algo que sea digerible y que tenga más probabilidades de darnos el mejor resultado. Una anécdota desenfadada al respecto sería: "Puedes aumentar tus posibilidades de obtener un buen resultado si te metes las emociones en el bolsillo por un momento". Es importante, es más, imperativo, no dejarse dominar por las emociones al tomar una decisión, ya sea importante o pequeña. Todo individuo debe esforzarse por comprometerse con el meticuloso proceso que supone que se le presente un problema o una decisión y, antes de dar el primer paso precipitadamente, elaborar una red interconectada de posibilidades y resultados, minuciosamente pensada, con todas las permutaciones y combinaciones posibles, para asegurarse de que puede sopesar qué opción es la más beneficiosa tanto para él como para las personas que le rodean.

La sabiduría, con su impacto en la toma de decisiones, desempeña un papel fundamental en la consecución del equilibrio emocional. Su influencia se deriva de su capacidad para proporcionar una perspectiva más amplia que va más allá de las reacciones emocionales inmediatas o de los prejuicios que a menudo nublan el juicio. La sabiduría otorga a las personas la capacidad de considerar las consecuencias e implicaciones a largo plazo de sus decisiones, asegurándose de que éstas se ajustan a sus valores y objetivos. Esta mayor perspectiva permite a las personas afrontar situaciones difíciles con claridad y tomar decisiones basadas en una combinación equilibrada de razón e inteligencia emocional.

Por consiguiente, la sabiduría dota a las personas de la capacidad de regular sus emociones con eficacia. Las personas sabias poseen la autoconciencia y la inteligencia emocional necesarias para reconocer y comprender sus emociones sin permitir que controlen su proceso de toma de decisiones. Al recurrir a su sabiduría, pueden navegar por paisajes emocionales complejos, tomando decisiones guiadas por una integración reflexiva y equilibrada de razón y emoción. El discernimiento es otro aspecto crucial de la sabiduría para alcanzar el equilibrio emocional. Las personas sabias son expertas en diferenciar entre la intuición genuina y las reacciones emocionales impulsivas. Este discernimiento les permite tomar decisiones basadas en la reflexión, en lugar de sucumbir a la gratificación emocional inmediata. Al evaluar y discernir cuidadosamente las causas subyacentes de sus respuestas emocionales, las personas sabias pueden tomar decisiones alineadas con sus objetivos a largo plazo y su bienestar general.

La sabiduría también impulsa a las personas a considerar las implicaciones éticas de sus decisiones. Esto incluye reflexionar sobre el impacto que sus elecciones tendrán en ellos mismos y en quienes les rodean. Las consideraciones éticas son vitales en la toma de decisiones, ya que garantizan que las elecciones se hagan con sentido de la responsabilidad y comprometidas con el bien común. Las personas sabias pueden incorporar principios éticos a su proceso de toma de decisiones, fomentando una integración equilibrada de la razón, la emoción y las consideraciones morales. Las personas sabias suelen creer que tienen todo el tiempo del mundo para formular sus pensamientos antes de dar el jaque mate. Han aprendido que pueden compartimentar sus emociones. Esto puede hacerse de muchas maneras, una de las cuales es la capacidad de crear límites mentales dejando a un lado temporalmente las emociones, lo que permite concentrarse en la tarea que se está realizando. Cuando realice tareas que requieran un pensamiento racional, deje a un lado conscientemente las preocupaciones emocionales y céntrese en el análisis lógico.

Otra opción podría ser la práctica de la atención plena, que puede conseguirse desarrollando técnicas que le permitan observar sus emociones sin agobiarse. Esto puede ir desde cualquier cosa como la meditación hasta la práctica de un hobby. Uno de los temas más importantes de la sabiduría es el autoconocimiento, como ya se ha explicado anteriormente, por lo que una de las mejores formas de compartimentar las emociones sería la autorreflexión. La autorreflexión significa tomarse tiempo para reflexionar sobre las emociones y comprender sus causas subyacentes. Considera si tus emociones están nublando tu juicio o influyendo en tus pensamientos. Comprender las raíces de tus emociones puede ayudarte a separarlas del pensamiento racional.

Sabiduría relacional

Reconocer el valor de las personas y cultivar relaciones significativas forman parte de la búsqueda de la sabiduría. La sabiduría requiere un equilibrio entre las emociones y el pensamiento racional. A continuación, profundizaremos en la importancia de reconocer el valor de las personas y fomentar las relaciones significativas, ilustrando su relación con el desarrollo de la sabiduría a través de la inteligencia emocional y el compromiso empático.

La inteligencia emocional es fundamental para desarrollar la sabiduría. Al reconocer y comprender nuestras propias emociones, podemos entender mejor a otras personas y empatizar con ellas, a la vez que cultivamos un entorno mejor y más abierto con conexiones genuinas. Esto también nos lleva al poder de la empatía, quizá una de las armas más poderosas de un individuo sabio.

La capacidad de comprender las propias emociones y procesos se conoce como sabiduría, pero imagina comprender lo mismo de otro individuo; esta sería la piedra angular de la sabiduría máxima. A través de la empatía, los individuos pueden forjar conexiones auténticas y promover el entendimiento mutuo. Por ejemplo, un líder sabio que demuestra empatía reconoce los puntos fuertes y los retos de quienes le rodean, aprovecha su potencial, trabaja en función de sus puntos fuertes y crea un entorno que fomenta el crecimiento y la colaboración. Valorar a las personas y las relaciones contribuye al aprendizaje continuo y al crecimiento personal, lema de la sabiduría. Las personas sabias reconocen que todo el mundo tiene conocimientos, experiencias y puntos de vista únicos que ofrecer.

Al tratar activamente de aprender de los demás, amplían su comprensión del mundo y mejoran su sabiduría. Aprecian el poder transformador de los distintos puntos de vista y están abiertos a los comentarios constructivos. Por ejemplo, un mentor sabio valora los conocimientos y experiencias de sus alumnos, fomentando una relación recíproca en la que ambas partes aprenden y crecen juntas. Tratar a las personas con dignidad es un aspecto fundamental de la sabiduría y está estrechamente relacionado con los temas tratados en las secciones anteriores. Implica reconocer el valor inherente de cada individuo y es vital para construir relaciones sostenibles. Nunca se insistirá lo suficiente en la importancia de tratar a las personas con dignidad. La parte final de este capítulo sería reconocer la importancia de tratar a las personas con dignidad, haciendo hincapié en cómo contribuye al cultivo de la sabiduría y al establecimiento de conexiones duraderas y significativas.

Tratar a las personas con la dignidad mencionada implica mostrar respeto y reconocer su valor intrínseco. Significa reconocer y valorar sus cualidades, perspectivas y contribuciones únicas. Los individuos sabios entienden que cada persona tiene algo valioso que ofrecer, y buscan activamente apreciar y honrar la dignidad inherente de los demás. Hacerlo implica darles poder para que sean auténticos y fomenta el crecimiento personal. Las personas sabias ofrecen apoyo, ánimo y oportunidades para que los demás desarrollen todo su potencial. La dignidad en las relaciones se fomenta a través de la escucha activa y la empatía. Las personas sabias escuchan con atención y sinceridad, tratando de comprender las perspectivas, necesidades y emociones de los demás. Cultivan la empatía, poniéndose en el lugar de los demás para comprender plenamente sus experiencias. Al escuchar y empatizar, se alimentan las relaciones sostenibles, ya que las personas se sienten escuchadas, validadas y comprendidas. Tratar a las personas con dignidad implica saber resolver los conflictos y estar dispuesto a perdonar. Las personas sensatas reconocen que los conflictos son inevitables en las relaciones, pero los afrontan con empatía, paciencia y el compromiso de comprender y encontrar un terreno común. Dan prioridad a la comunicación abierta y respetuosa, buscando soluciones que honren la dignidad de todas las partes implicadas. Además, las personas sabias comprenden el poder del perdón para mantener las relaciones. Reconocen que permite la curación, el crecimiento y el restablecimiento de la confianza.

La empatía es la piedra angular de la sabiduría en las relaciones, pues encarna la capacidad de comprender y compartir los sentimientos, las perspectivas y las experiencias de los demás. Su cultivo es un testimonio de la inteligencia emocional de un individuo y de su capacidad para trascender el egocentrismo. A través de la empatía, los individuos sabios demuestran una preocupación genuina por el bienestar de los que les rodean, fomentando un entorno de comprensión y conexión. Al dedicarse activamente a la práctica de la empatía, escuchan con atención, validan las emociones y ofrecen apoyo, yendo más allá de la mera simpatía para comprender realmente las experiencias vividas por los demás. La sabiduría permite a las personas salvar las distancias que nos separan y tender puentes de compasión y empatía. La escucha activa surge como una habilidad vital dentro del reino de la sabiduría, sirviendo de conducto para unas relaciones significativas. Implica prestar toda la atención al interlocutor, suspender el juicio y tratar de comprender su mensaje en profundidad. La escucha activa trasciende el mero acto de oír palabras, ya que implica observar atentamente las señales no verbales, el tono de voz y las emociones subyacentes que se expresan. Al perfeccionar el arte de la escucha activa, las personas sabias crean un espacio seguro y propicio para el diálogo abierto, que permite a los demás expresarse plenamente. Esta habilidad fomenta el respeto, la confianza y la comprensión mutua, sentando las bases para el desarrollo de las relaciones.

La comunicación eficaz, un aspecto fundamental de la sabiduría en las relaciones, es una habilidad llena de matices que implica tanto expresión como receptividad. Las personas sabias reconocen que la comunicación eficaz es un proceso recíproco, que les exige articular sus pensamientos, necesidades y sentimientos al tiempo que permanecen abiertos a las perspectivas de los demás. Al adoptar la autenticidad y la vulnerabilidad, pueden transmitir sus ideas y emociones con claridad e integridad, fomentando conexiones genuinas y significativas. Al mismo tiempo, las personas sabias comprenden la importancia de escuchar atentamente y con la mente abierta, valorando las perspectivas y puntos de vista de los demás. Buscan un terreno común, tratando de crear un entendimiento compartido que trascienda las diferencias y alimente la conexión. Además, la sabiduría desempeña un papel crucial en la resolución de conflictos en las relaciones. Las personas sabias abordan los conflictos con una mentalidad tranquila y reflexiva, dando prioridad al entendimiento y a la reconciliación frente a las batallas impulsadas por el ego. Aprovechando su empatía y su capacidad de escucha activa, entablan un diálogo constructivo, tratando de descubrir las necesidades y motivaciones subyacentes. Manejan los conflictos con inteligencia emocional, rebajando la tensión y encontrando soluciones colaborativas que favorezcan el bienestar de todas las partes implicadas. La sabiduría permite a los individuos trascender sus prejuicios y agravios personales, fomentando un entorno en el que los conflictos se convierten en oportunidades de crecimiento, comprensión y fortalecimiento de las relaciones.

En la creación de entornos de apoyo, la sabiduría es una fuerza orientadora que promueve el crecimiento personal y el bienestar colectivo. Las personas sabias comprenden el poder del estímulo, la validación y la retroalimentación constructiva para alimentar el potencial de quienes les rodean. Crean espacios en los que las personas se sienten seguras para explorar sus ideas, expresar sus emociones y asumir riesgos. Al reconocer y celebrar las fortalezas y contribuciones únicas de los demás, las personas sabias fomentan una cultura de empoderamiento, propiciando un entorno en el que se alimentan el crecimiento y el florecimiento personales.

Tratar a las personas con dignidad

Tratar a las personas con dignidad engloba principios de respeto, reconocimiento y empoderamiento en las relaciones, fomentando un entorno en el que puedan prosperar conexiones sostenibles y satisfactorias. Profundizando en los consejos prácticos para demostrar dignidad en las interacciones cotidianas y explorando las dinámicas de poder, igualdad e inclusión, podemos arrojar luz sobre cómo la sabiduría da forma a nuestras relaciones y contribuye a su longevidad y plenitud. El respeto es un pilar fundamental para tratar a las personas con dignidad. Implica reconocer y honrar el valor inherente de cada individuo, independientemente de su origen, estatus o creencias. Las personas sabias entienden que el respeto no es un mero reconocimiento pasivo, sino una práctica activa que impregna sus interacciones. Practican el aprecio entusiasta, valorando las contribuciones y perspectivas únicas que cada persona aporta. Demostrar respeto a través de sus palabras, acciones y actitudes crea un entorno en el que todos se sienten vistos, escuchados y valorados.

El reconocimiento es otro aspecto vital del trato digno a las personas. Las personas sabias van más allá del mero reconocimiento y afirman activamente las habilidades, cualidades y logros de los demás. Crean espacios para que las personas brillen, celebran sus logros y fomentan su crecimiento. A través de la validación y el estímulo, fomentan una atmósfera de positividad y apoyo que anima a los demás a aprovechar su potencial y perseguir sus objetivos. Al fomentar una cultura de reconocimiento, los individuos sabios construyen relaciones sostenibles basadas en el respeto mutuo y el desarrollo personal.

El concepto de empoderamiento tiene una importancia significativa en el contexto de la defensa de los principios de la dignidad humana. Las personas astutas tienen la sagacidad de reconocer la importancia primordial de proporcionar a sus semejantes las herramientas, los recursos y las oportunidades necesarios para prosperar. Establecen entornos integradores en los que todas las personas tienen la oportunidad de expresar sus puntos de vista y participar activamente en la consecución de objetivos colectivos. Al fomentar un entorno que promueve el compromiso activo, la cooperación y la deliberación inclusiva, capacitan a los individuos para asumir la responsabilidad de su propia existencia y contribuir a la mejora de la comunidad en su conjunto. Mediante el empoderamiento, los individuos con sagacidad se esfuerzan por cultivar relaciones duraderas que fomenten el desarrollo personal, el triunfo colectivo y un sentimiento de satisfacción.

En las relaciones, la dinámica de poder desempeña un papel crucial a la hora de determinar en qué medida se trata a las personas con dignidad. Las personas sensatas son conscientes de los posibles desequilibrios de poder que pueden surgir en las interacciones interpersonales y se esfuerzan por mitigarlos. Abordan las relaciones con un compromiso de igualdad, reconociendo que todo el mundo merece un trato y unas oportunidades equitativas. Al desmantelar las jerarquías y fomentar espacios inclusivos, las personas sabias promueven un sentimiento de pertenencia y crean entornos en los que todas las voces son escuchadas y valoradas.

La inclusión es un componente esencial del trato digno a las personas. Las personas sabias abrazan la diversidad y buscan activamente crear espacios que honren y respeten a las personas de diferentes orígenes, culturas e identidades. Reconocen que la diversidad de perspectivas enriquece las relaciones y fomenta la creatividad, la innovación y el crecimiento colectivo. Al cultivar un entorno que celebra la diversidad, las personas sabias construyen relaciones sostenibles caracterizadas por la apertura, la empatía y el entendimiento mutuo.

Capítulo 4: Fe

La importancia de la fe en la sabiduría es profunda, como ya hemos establecido anteriormente en nuestro viaje. Antes de sumergirnos en el impacto y las implicaciones de la fe en este capítulo, preguntémonos, ¿cuál es la importancia de la fe en nuestras vidas?

La fe extiende sus valores más allá de los ámbitos de la religión y la espiritualidad. Tiene sus raíces profundamente hundidas en el mundo de la sabiduría y la filosofía. La fe desempeña un papel único a la hora de cultivar una comprensión más profunda del mundo e inspirar la indagación intelectual. Anima a los individuos a explorar cuestiones sobre la existencia, el significado y la naturaleza de la realidad.

Hay más de un puñado de ejemplos de la importancia de la fe en la filosofía si consideramos cómo los filósofos de nuestro pasado adoptaron estas ideologías en sus obras.

Uno de esos ejemplos podría ser el caso de Blaise Pascal, matemático, físico y filósofo, que examinó la relación entre fe y razón en su obra "Pensées". Propuso la Apuesta de Pascal, un argumento que sugiere que es racional creer en Dios aunque no se pueda demostrar su existencia. Pascal reconoció las limitaciones de la razón para abordar las cuestiones existenciales y propuso que la fe proporciona un enfoque más holístico y satisfactorio para comprender los misterios de la vida. Al integrar la fe y la razón, Pascal subrayó la importancia de una investigación equilibrada y abierta sobre la naturaleza de la realidad. Del mismo modo, podemos considerar los argumentos de Tomás de Aquino. El enfoque de Tomás de Aquino demostró la importancia de abrazar tanto la fe como la investigación filosófica como caminos complementarios hacia la sabiduría y la comprensión. Fue un filósofo y teólogo medieval que trató de reconciliar la fe y la razón a través de su influyente obra "Summa Theologica". Aquino creía firmemente que tanto la fe como la filosofía eran fuentes de verdad y que se complementaban bien. Sostenía que la razón podía iluminar ciertos aspectos de la fe, mientras que la fe podía aportar ideas y respuestas fuera del alcance de la razón por sí sola.

Sin embargo, si viajamos a los confines del mundo, podemos encontrar el intrigante caso de Al-Farabi, que fue un filósofo islámico que realizó importantes contribuciones a diversos campos, como la filosofía, la ciencia política y la teoría musical. Escribió mucho sobre la relación entre fe y razón, especialmente en el contexto de la filosofía islámica.

Al-Farabi hizo hincapié en la compatibilidad entre fe y razón, argumentando que la verdadera filosofía debía estar en armonía con las creencias religiosas. Creía que la filosofía y la religión podían aportar ideas complementarias sobre la naturaleza de la realidad y la condición humana. Según Al-Farabi, la fe sirve de peldaño para la investigación filosófica, y la razón es la escalera que conduce al desarrollo de una comprensión más profunda de las verdades religiosas.

Existen numerosos ejemplos de la influencia de la fe en todo el mundo, desde Europa a África, pasando por Asia. El resultado final es que la fe puede ser un aspecto intrínseco de la existencia humana, y lo ha sido desde los albores de la humanidad.

Trasciende las fronteras religiosas y encarna la creencia de los individuos en algo más grande que ellos mismos: un poder mayor, por así decirlo. Ya se base en la espiritualidad, la filosofía o la convicción personal, la fe desempeña un papel importante en la formación de individuos y sociedades por igual.

En la vida de la mayoría de las personas, la fe se describe como un faro de esperanza, una fuente de inspiración y un catalizador para el crecimiento personal. A continuación, exploraremos las implicaciones profundas de la fe en la vida de los seres humanos y cómo se vincula con la sabiduría, destacando su capacidad para alimentar la esperanza, inspirar un propósito y crear resiliencia ante la adversidad.

El poder del optimismo:

Como humanos, somos capaces de alimentar la esperanza, un aspecto misterioso e intrigante de nuestra naturaleza que está estrechamente ligado a nuestras creencias. La vida puede ser impredecible y a veces nos plantea retos inesperados. Cuando nos enfrentamos a la desesperación y la duda, nuestras mentes pueden convertirse en un campo de batalla de emociones, dejándonos sin esperanza. Pero en esos momentos oscuros, la fe puede guiarnos como una estrella brillante, iluminando el camino hacia un futuro mejor. Esta exploración se centra en cómo la fe puede ayudarnos a fomentar la esperanza, encontrar consuelo, descubrir un propósito y desarrollar resiliencia. Como potente mecanismo psicológico, la fe desempeña un papel fundamental a la hora de alimentar la esperanza durante la angustia.

Como constructo polifacético, abarca la creencia en un poder superior, un orden cósmico o una fuerza espiritual que trasciende las limitaciones humanas. Este sistema de creencias infunde seguridad a los individuos, sabiendo que no están afrontando los retos de la vida de forma aislada. Por el contrario, les reconforta la noción de que cuentan con el apoyo y la guía de una benevolencia invisible, lo que genera la esperanza de un resultado mejor. En el marco de la fe, la paz se convierte en una experiencia potente y transformadora. En medio de las tormentas de la vida, las personas encuentran refugio en sus creencias, que actúan como un ancla capaz de estabilizar los momentos de turbulencia emocional.

Esta paz puede ser complementaria a los contextos religiosos, impregnando diversas facetas de la existencia humana. Los estudios han revelado que incluso quienes se identifican como no religiosos pueden experimentar una sensación de consuelo a través de prácticas espirituales como la meditación y la atención plena, lo que subraya el atractivo universal de la fe para alimentar la esperanza.

Además, la fe ofrece a los individuos un sentido de propósito, dándoles el poder de soportar y persistir a través de las adversidades. La creencia en un plan más grande o en un propósito más elevado impulsa a las personas a superar los retos. Este sentido general de propósito engendra un espíritu tenaz que anima a las personas a encontrar sentido a sus luchas y a considerar los reveses como oportunidades de crecimiento personal y autodescubrimiento.

Un aspecto fascinante de la fe es su papel como catalizador de la resiliencia. La relación entre religión y esperanza dota a las personas de un mecanismo de supervivencia único. Los estudios han demostrado que las personas con fuertes creencias religiosas o espirituales muestran una mayor resiliencia y adaptabilidad cuando se enfrentan a acontecimientos traumáticos. La fe se convierte en una fuente de fortaleza que permite a las personas superar los momentos más oscuros y abrazar un futuro lleno de posibilidades. La fe infunde en las personas un sentimiento de expectación, una perspectiva anticipatoria que trasciende los retos inmediatos. Este anhelo acrecentado fomenta el optimismo, vigorizando el espíritu humano con la creencia de que nos aguarda un futuro mejor. Esta sensación de optimismo impulsa a las personas a perseverar, a dar pasos valientes hacia sus aspiraciones y a forjarse un camino iluminado por la esperanza.

El bien contra el mal

En nuestra incesante búsqueda por comprender la relación entre el bien y el mal en nuestra creación, nos encontramos en un viaje que invita a la reflexión, guiados por nuestra inquebrantable creencia en Dios. Al embarcarnos en esta profunda exploración, le invitamos a unirse a nosotros en una conversación que ahonda en las profundidades de estas fuerzas eternas, trascendiendo las limitaciones de las meras preguntas y respuestas. Porque las respuestas que buscamos distan mucho de ser simples, y nos conducen al corazón de la experiencia humana.

¿Por qué Dios, nuestro creador, permitió la existencia del mal? Esta pregunta, que ha dejado perpleja e intrigada a la humanidad durante siglos, probablemente se te haya pasado por la cabeza alguna vez. Para responderla, debemos reconocer que, en el gran diseño de la existencia, tanto el Bien como el Mal desempeñan papeles vitales. Al igual que la Tierra orbita alrededor del Sol, se mantiene en su lugar gracias a las fuerzas opuestas centrípeta y centrífuga. Estas dos fuerzas crean el delicado equilibrio que impide que nuestro planeta entre en espiral hacia el Sol o escape al vacío del espacio. No podemos categorizar una de estas fuerzas como intrínsecamente buena y la otra como mala; están inextricablemente unidas y ambas son esenciales para mantener la danza armoniosa de los cuerpos celestes. Pensemos en la intrincada red de la vida, donde cada hilo sirve para algo, aunque no lo veamos claro a primera vista. Al igual que en la naturaleza, donde coexisten depredadores y presas, existe un delicado equilibrio que permite que el ecosistema prospere. En el gran esquema de las cosas, el mal o la adversidad pueden verse como una fuerza de contraste que nos ayuda a apreciar la bondad y a navegar por las complejidades morales de nuestro mundo. En nuestra búsqueda de la comprensión, recordemos que la presencia de la adversidad en nuestras vidas también puede verse como una oportunidad para el crecimiento, la resiliencia y el desarrollo de nuestra brújula moral.

Consideremos este equilibrio a una escala más pequeña, como la del átomo. Dentro de la estructura atómica, un núcleo actúa como un sol, con electrones girando a su alrededor. Una vez más, las fuerzas duales centrípeta y centrífuga entran en juego, asegurando la estabilidad a nivel atómico. La misma dualidad es válida para todos los niveles de existencia, desde el cósmico hasta el subatómico. La presencia del Bien y del Mal es necesaria para nuestra existencia. Es un aspecto fundamental de la intrincada red de la vida, que abarca la inmensidad del cosmos y el minúsculo mundo de las partículas subatómicas.

Entonces, ¿por qué creó Dios estas dos fuerzas? La respuesta está en la necesidad de equilibrio. El Bien y el Mal no son entidades opuestas, sino dos caras de la misma moneda cósmica, siempre entrelazadas en una intrincada danza que sostiene nuestra existencia. Son el yin y el yang del universo, mantienen el equilibrio cósmico y proporcionan el marco para las elecciones morales y éticas que dan forma a nuestras vidas.

Ahora surge la pregunta: ¿Quién, entre estas fuerzas, es el Mal o el Bien? La verdad es que ninguna es puramente buena ni puramente mala; existen en un perpetuo estado de mezcla. Esta dualidad se extiende desde el nivel celeste, donde los planetas y las estrellas se mantienen en un delicado equilibrio, hasta el nivel atómico y todo lo demás. Tú y yo también somos una mezcla única de estas fuerzas cósmicas, cada uno de nosotros capaz tanto de acciones virtuosas como imperfectas. Esta naturaleza dual del bien y del mal reside en nosotros. Es nuestra sagrada responsabilidad aprovechar estas fuerzas internas para destilar la sabiduría divina. Cuando sucumbimos a la lujuria, la ira, la codicia, el apego, el ego, los celos y el miedo, inclinamos la balanza hacia el Mal. Por el contrario, cuando alimentamos la compasión, el amor, la empatía y el desinterés, nos alineamos con el camino del Bien. Nuestras acciones y elecciones determinan el equilibrio entre estas fuerzas cósmicas en nuestras vidas.

La existencia del Mal es intrínseca al orden cósmico y persistirá mientras Dios lo permita. Aunque las historias del triunfo del Bien sobre el Mal abundan en los relatos religiosos y mitológicos, la realidad es que el Mal sigue siendo una fuerza perdurable, parte integrante del intrincado equilibrio que Dios puso en marcha. Reconocer esta dualidad duradera es el primer paso hacia una comprensión más profunda de nuestra existencia y de nuestro lugar en el orden cósmico.

Entonces, ¿qué hacer con este conocimiento? Abrazar la comprensión de que la dualidad del Bien y del Mal existe en nosotros y en todo lo que percibimos. Esfuérzate por difundir la bondad, la conciencia y la educación para guiar a las personas lejos de las garras de los deseos bajos y hacia el camino del crecimiento espiritual. Cultivando las virtudes y fomentando la comprensión, podemos contribuir a un mayor equilibrio del Bien en el mundo y facilitar la transformación de las personas para que dejen de ser meros productos de sus deseos y se conviertan en faros de cambio positivo e iluminación. ¿Es el Mal, por definición, malo? La solución a esta profunda pregunta es más complicada que un simple "sí" o "no". Es una investigación profunda y sutil que bucea en el pensamiento filosófico y religioso. El punto de vista que uno tenga, así como su deseo de creer que todo se desarrolla según el plan divino, determina en gran medida la forma de entender esta cuestión. Al aceptar el hecho de que todos los sucesos, incluidos los que parecen malos, forman parte de un plan cósmico mayor, uno se abre a un conocimiento más profundo del delicado equilibrio que controla el mundo y emprende el camino hacia la sabiduría última.

Para profundizar en este tema, consideremos la angustia desgarradora que siente una persona cuando muere un ser querido. A primera vista, este triste incidente puede parecer una manifestación del mal. El dolor que causa es evidente. Sin embargo, es una realidad básica de la existencia que todo lo que nace está condenado a morir. La muerte, en su inevitabilidad, representa la transferencia de energía de una forma a otra. En realidad, la energía esencial o esencia del difunto nunca muere, sino que pasa de una encarnación a otra, manteniendo el ciclo eterno de la creación. Este punto de vista nos anima a escarbar tras la superficie y contemplar el significado subyacente de nuestras experiencias vitales.

En nuestro continuo esfuerzo por comprender el equilibrio entre el Bien y el Mal, debemos comprender que estas fuerzas no son concepciones separadas, sino aspectos importantes de un diseño más amplio. La compleja interacción de estas fuerzas impacta profundamente en nuestra vida, proporcionándonos lecciones y desafíos que nos permiten progresar, aprender y, finalmente, encontrar nuestro camino de vuelta a la fuente divina. Estos encuentros se entretejen en el tejido mismo de nuestra existencia, conectándonos con el enorme tapiz del universo. Dejemos que nuestra confianza en Dios sea nuestra luz de guía mientras navegamos por el vasto laberinto de la vida, y que nuestra persistente búsqueda de conocimiento nos lleve a una mejor comprensión de la danza cósmica entre el Bien y el Mal. En este esfuerzo intentamos revelar la ruta hacia la iluminación espiritual, que nos conecta con los ritmos del cosmos. En esta gran sinfonía cósmica, nuestras creencias y nuestra búsqueda de la verdad se mezclan a la perfección para inspirar nuestras acciones y, a través de ellas, descubrimos nuestro propósito en el gran diseño del universo, eternamente asombrados por sus complejidades y su belleza.

La fe inspira el propósito:

A lo largo de los anales de la historia de la humanidad, la interacción entre la fe y el propósito ha sido un tema de estudio fascinante, que ha atraído a estudiosos e investigadores por igual. Como aspecto fundamental de la experiencia humana, la fe ha inspirado constantemente a los individuos, ofreciéndoles un sentido de convicción y dirección en sus vidas. Este encantador fenómeno, profundamente arraigado en diversas culturas, religiones y sistemas de creencias, fascina al estudio al desvelar intrincadas conexiones entre espiritualidad, ética y motivación humana.

Al profundizar en la naturaleza multidimensional de la influencia de la fe, no se puede pasar por alto su capacidad para servir de brújula moral, guiar las acciones de los individuos y dar forma a sus decisiones. En las diversas tradiciones religiosas, los textos sagrados y las enseñanzas son faros luminosos que iluminan el camino de la rectitud y la virtud. Los especialistas en estudios religiosos han analizado estas directrices éticas para comprender cómo forjan el marco de la conducta moral y el desarrollo del carácter. El examen de la convergencia de creencias y principios éticos revela una red cohesiva meticulosamente tejida para inspirar vidas orientadas a un propósito que contribuyan a la mejora de la sociedad. En la investigación psicológica y sociológica, el papel de la fe a la hora de inculcar valores como la compasión, el perdón y la justicia ha sido una tentadora vía de exploración. Los investigadores tratan de desentrañar cómo estos valores se arraigan en la psique de los creyentes, dando forma a sus relaciones interpersonales y roles sociales. La fascinante interacción entre la compasión y la fe, por ejemplo, desvela cómo los individuos desarrollan una actitud empática hacia los demás, trascendiendo los límites personales para extender la bondad y la ayuda. Los debates sobre el impacto del perdón en contextos religiosos ahondan en los procesos psicológicos que subyacen a la liberación de rencores y el fomento de la reconciliación, ofreciendo una comprensión más profunda de cómo la fe alimenta la armonía y la cohesión social.

El estudio de la filosofía religiosa profundiza en los fundamentos existenciales de la fe y el propósito. Los filósofos se han enfrentado históricamente a cuestiones relativas al sentido último de la vida, examinando el nexo entre la fe, el propósito y la realización humana. Analizando los escritos de pensadores de renombre de distintas épocas, los estudiosos se esfuerzan por descifrar cómo la fe refuerza la psique humana, permitiendo a los individuos encontrar un propósito en medio de las complejidades de la existencia.

La investigación empírica en distintas disciplinas también ha tratado de determinar el impacto de la fe en el mundo real a la hora de inspirar acciones con propósito. Sociólogos y antropólogos realizan estudios etnográficos que arrojan luz sobre cómo las comunidades religiosas movilizan su fe para poner en marcha iniciativas filantrópicas y de justicia social. A través de estas investigaciones, los investigadores iluminan el potencial transformador de la fe, subrayando su capacidad para galvanizar esfuerzos colectivos hacia un propósito común: crear una sociedad más equitativa y compasiva. Críticos y escépticos sostienen que, a veces, la fe puede ser un arma de doble filo, que incita a las personas a dedicarse a búsquedas dogmáticas y perpetúa visiones del mundo excluyentes. Este animado discurso, con el matizado equilibrio entre las inspiraciones positivas de la fe y sus posibles escollos, insta a los estudiosos a adoptar una lente crítica a la hora de interpretar sus ramificaciones sociales.

Sin embargo, el atractivo de la interacción entre fe y propósito persiste, invitándonos a profundizar en este cautivador terreno. Las eternas preguntas sobre el origen de la motivación humana y el papel de la fe en la consecución de una vida con propósito exigen investigaciones interdisciplinares que combinen los conocimientos de la teología, la psicología, la sociología y la filosofía. A medida que avanza nuestra comprensión de la cognición y la espiritualidad humanas, los investigadores están a punto de desentrañar cada vez más revelaciones sobre el nexo entre la fe y la motivación humana.

La fe construye resiliencia:

En el tumultuoso paisaje de nuestro mundo, donde las pruebas y tribulaciones a menudo minan la fortaleza mental del individuo, la fe surge como una cadena de ataduras y un arma formidable, que fortalece el sentido de estabilidad y lo impulsa hacia adelante. La adversidad, compañera inevitable en el viaje de la vida, a menudo exige resistencia. La fe es una compañera inquebrantable en este crisol de desafíos, que dota a las personas de la fuerza interior necesaria para atravesar las horas más oscuras. Trasciende las afiliaciones religiosas o espirituales y abarca a todos los buscadores de esperanza, ofreciendo un marco sólido para comprender y aceptar las circunstancias difíciles. Al ofrecer consuelo e infundir fuerza a las personas, la fe desempeña un papel insustituible en la experiencia humana, inspirando un propósito y transformando los obstáculos de la vida en peldaños hacia el crecimiento. En su esencia, la fe encarna un aspecto universal de la condición humana, que va mucho más allá de los confines de la doctrina religiosa. Es una inclinación innata, la creencia de que hay algo más grande, algo significativo que se encuentra más allá del ámbito tangible. Ya se dirija hacia un poder superior, un propósito mayor o incluso una creencia inquebrantable en uno mismo, esta creencia alimenta la esperanza, un faro de luz que parpadea incluso en los momentos más oscuros. Esta esperanza se convierte en un salvavidas que arrastra a las personas a través del abismo de la desesperación y ofrece un rayo de optimismo en medio de las sombras de la incertidumbre.

Además, la fe es una potente fuente de inspiración, que enciende el propósito y dirige una existencia aparentemente caótica. Impregna la vida de significado, impulsando a los individuos a buscar ideales más elevados y a luchar por un propósito mayor que la mera supervivencia. Para quienes encuentran la paz en las convicciones religiosas, los textos sagrados y las enseñanzas ofrecen orientación, desvelando una brújula moral que dirige las acciones y decisiones hacia el camino de la rectitud y la virtud. Este sentido del propósito se convierte en un ancla que impide a las personas vagar sin rumbo en medio de las tumultuosas aguas de la vida y, en su lugar, traza un rumbo hacia la realización y el crecimiento personal.

En tiempos de adversidad, la fe actúa como una armadura que protege a las personas para que no sucumban a la desesperación. Saber que uno no está solo y que una fuerza divina o un principio rector le apoyan en los momentos más oscuros le permite resistir y salir fortalecido de los crisoles de la vida. A través de la oración, la meditación o la participación en rituales religiosos, las personas recurren a su fe para encontrar consuelo y sentido en medio del caos, lo que les permite reconstruir espíritus destrozados y reunir el valor para seguir adelante. El concepto del poder transformador de la fe no se limita a las vidas individuales, sino que impregna sociedades enteras, ofreciendo fuerza colectiva en tiempos de agitación. La historia es testigo de numerosos casos en los que las comunidades religiosas, unidas por creencias compartidas, han capeado las tormentas de la adversidad, inspirando resistencia frente a pruebas que, de otro modo, las habrían desgarrado. El espíritu inquebrantable de las comunidades religiosas ha actuado como fuerza unificadora, fomentando el apoyo mutuo, la empatía y la determinación colectiva de reconstruir sociedades destrozadas a partir de las ruinas de la devastación.

Con su poder y convicción inherentes, la fe tiene la notable capacidad de impulsar cambios transformadores en la vida de un individuo. Dado que la fe ha formado parte de la historia de la humanidad desde que el sol amaneció sobre nuestra especie, cabe afirmar que inspira muchos cambios y tiene grandes implicaciones en la forma en que tomamos decisiones.

Formar creencias y valores:

La interacción entre la fe y la formación de creencias y valores constituye un tema cautivador y polifacético. Como ya se ha dicho, la fe, ya esté arraigada en enseñanzas religiosas o en filosofías personales, es una fuerza poderosa que imbuye a las personas de principios duraderos como la compasión, la integridad y la empatía. Estos valores profundamente arraigados sirven de guía, orientan a los individuos hacia la toma de decisiones alineadas con sus creencias y contribuyen positivamente al tejido de la sociedad. Las implicaciones de estas decisiones distan mucho de ser absolutas, ya que se vuelven subjetivas y dependen de la perspectiva única y la brújula moral de la persona que toma la decisión. El proceso de formación de creencias y valores bajo la influencia de la fe es un viaje lleno de matices, que entrelaza experiencias personales, influencias culturales y orientación espiritual. Las enseñanzas religiosas ocupan a menudo un lugar central en este proceso de transformación.

Ofrecen una rica interrelación entre preceptos morales y directrices éticas que se convierten en los cimientos sobre los que los individuos moldean su carácter. Los estudios en profundidad realizados en los ámbitos teológicos profundizan en los intrincados mecanismos a través de los cuales las doctrinas religiosas influyen en el desarrollo moral de los adeptos. Al examinar los textos sagrados, los rituales y las enseñanzas de los líderes espirituales, los investigadores descubren cómo estos aspectos de la fe inculcan valores de compasión, integridad y empatía, alimentando una conciencia moral que informa la toma de decisiones éticas.

Además, no se puede pasar por alto el papel de las filosofías personales en la formación de creencias y valores. Aunque la fe se asocia a menudo con la religión organizada, también abarca los viajes espirituales individuales, en los que las personas exploran cuestiones de significado, propósito y moralidad. Las investigaciones filosóficas sobre ética y existencialismo contribuyen a esta exploración, proporcionando diversos marcos para que los individuos definan sus principios y convicciones.

El estudio de las filosofías personales revela cómo los individuos se inspiran en diversas escuelas de pensamiento para construir sus sistemas de valores, mezclando elementos del altruismo, el humanismo y el existencialismo para navegar por las complejidades de los dilemas morales de la vida. El impacto de las creencias y los valores inducidos por la fe va más allá del ámbito individual e influye en la dinámica de la sociedad en general. A medida que los individuos interiorizan las virtudes de la compasión, la integridad y la empatía, se convierten en embajadores del cambio positivo en sus comunidades. La investigación sociológica sobre los efectos de la fe en los valores sociales descubre cómo la adhesión colectiva a principios compartidos fomenta la cohesión social y fortalece el tejido de las sociedades. Estos valores compartidos pueden dar forma a las normas sociales, orientar las decisiones legislativas e inspirar esfuerzos humanitarios que trascienden los intereses individuales y defienden el bien común.

La naturaleza subjetiva de la toma de decisiones morales bajo la influencia de la fe añade una capa de complejidad a esta investigación. Aunque la fe sirve de fuente de inspiración para las personas que desean tomar decisiones virtuosas, los resultados de esas decisiones pueden divergir considerablemente en función de las distintas interpretaciones de las enseñanzas religiosas o las filosofías personales. El relativismo moral, un concepto ampliamente examinado en los discursos filosóficos y éticos, reconoce la diversidad de perspectivas éticas de diversos orígenes culturales y religiosos. Este reconocimiento hace necesaria la reflexión crítica y el diálogo dentro de las comunidades religiosas y la sociedad, fomentando el aprecio por los diversos puntos de vista a la vez que se busca un terreno común en las cuestiones éticas.

Potenciar metas y aspiraciones:

La intrincada relación entre la fe y la persecución de metas y aspiraciones constituye un apasionante tema de exploración académica. A medida que nos adentramos en este cautivador ámbito, se hace evidente que la fe, una fuerza que trasciende las fronteras religiosas, alimenta a los individuos con un sentido de propósito y convicción. Esta potente mezcla de esperanza y determinación les permite soñar a lo grande y embarcarse en un viaje hacia logros personales y profesionales de proporciones extraordinarias. A través de la lente de la fe, somos testigos del poder transformador de la inspiración, que anima a las personas a liberarse de las limitaciones autoimpuestas, aventurarse más allá de sus zonas de confort y perseguir ardientemente sus pasiones.

La motivación y el coraje se encienden dentro de este nutritivo abrazo de fe, impulsando a las personas a superar obstáculos formidables, persistir ante la adversidad y asumir riesgos calculados en su búsqueda incesante de logros significativos.

El impacto de la fe en la potenciación de objetivos y aspiraciones surge de su capacidad innata para infundir a la vida un propósito que supera lo mundano y rutinario. Las enseñanzas religiosas, las revelaciones espirituales o las filosofías personales se convierten en faros de guía que iluminan el camino hacia una vocación más elevada y una visión más grandiosa de la existencia. En la exploración académica del papel de la fe en la fijación de objetivos, descubrimos cómo la creencia en un plan divino o la alineación de las ambiciones personales con fuerzas cósmicas más grandes vigoriza a las personas con la determinación de hacer realidad sus aspiraciones.

La sinergia entre la fe y la persecución de objetivos no se limita a la contemplación pasiva, sino que se convierte en una fuerza catalizadora que impulsa a los individuos a la acción. Este proceso transformador es especialmente evidente en los logros personales y profesionales. La investigación psicológica profundiza en los mecanismos a través de los cuales la fe es un motor de motivación que eleva a las personas a dar los pasos decisivos para convertir sus aspiraciones en realidad. La fe cultiva una mentalidad que reconoce el potencial de crecimiento, inspirando a las personas a aceptar los retos como peldaños y no como barreras infranqueables. Cuando el motor de la ambición se pone en marcha, las personas encuentran el valor para desafiar la comodidad de lo conocido y abrazar la emoción de aventurarse en lo desconocido.

Cuando se persiguen objetivos ambiciosos, la adversidad se cierne a menudo en el horizonte, poniendo a prueba el compromiso y la determinación de cada uno. La fe es una compañera inquebrantable que refuerza a las personas con la fuerza y la resistencia necesarias para capear el temporal y perseverar en medio de las dificultades. El examen del papel de la fe en el fomento de la determinación revela cómo la creencia en un poder superior o en un sentido intrínseco de propósito proporciona una fuente de aliento en momentos de duda y desánimo. El poder de la fe no reside en eliminar los obstáculos del camino, sino en fortalecer a las personas con la audacia de superar los retos, sacando fuerzas de una vocación superior que trasciende los contratiempos temporales.

La influencia transformadora de la fe va más allá de las aspiraciones individuales y determina la trayectoria de las aspiraciones colectivas y el progreso de la sociedad. En el marco de las comunidades religiosas, los valores compartidos y los objetivos comunes inspiran esfuerzos colectivos que revolucionan las sociedades. Los estudios que exploran la intersección entre la fe y los movimientos sociales revelan cómo las convicciones religiosas o espirituales alimentan cambios transformadores, impulsando a los individuos a trabajar cohesionados hacia visiones compartidas de justicia, igualdad y derechos humanos.

Transformar actitudes y mentalidades:

La fe surge como catalizador de una transformación de actitudes y mentalidades en la búsqueda incesante del cambio y la superación personal. Esta faceta cautivadora y polifacética del impacto de la fe se despliega a medida que se desafía a las personas a adoptar una perspectiva optimista de la vida, cultivando virtudes de gratitud, resiliencia y perseverancia. En el seno de la fe, las personas experimentan un viaje metamórfico, una transición hacia una mentalidad que abraza ardientemente el crecimiento y considera los retos como peldaños para el aprendizaje y el desarrollo personal. Además, la fe impulsa a las personas a renunciar a los grilletes de las creencias autolimitantes, dando paso a una nueva confianza y creencia en las propias capacidades. Este cambio dinámico de mentalidad capacita a las personas para afrontar la vida con un notable espíritu de apertura, adaptabilidad y voluntad de abrazar los vientos del cambio.

El poder de la fe para moldear actitudes y mentalidades reside en su capacidad para infundir a la vida un sentido permanente de esperanza y positividad. El estudio del impacto de la fe en las actitudes dentro de los ámbitos psicológicos desvela cómo la creencia en un poder superior o en un orden cósmico imbuye a las personas de un optimismo duradero que desafía las tormentas de la vida. Cuando las personas se anclan en la fe, encuentran la fuerza para abrazar la gratitud, reconocer las bendiciones en medio de las pruebas y hallar la paz en tiempos difíciles. Esta transformación de una perspectiva pesimista en una optimista se convierte en un faro de luz, que guía a las personas a través de los túneles más oscuros e infunde un espíritu resistente que surge ante la adversidad.

Además, la relación entre la fe y la transformación de la mentalidad se hace evidente cuando las personas adoptan un cambio de paradigma hacia el crecimiento y el desarrollo. La fe impulsa a las personas a adoptar una mentalidad que no ve los retos como obstáculos insuperables, sino como oportunidades de oro para el aprendizaje y la superación personal. La exploración de la mentalidad de crecimiento inducida por la fe en diversos ámbitos revela cómo se anima a las personas a salir de su zona de confort, arriesgándose a perseguir sus aspiraciones con un entusiasmo desenfrenado. En esta búsqueda del crecimiento, los individuos recurren al manantial de la fe, impulsándose hacia un futuro repleto de posibilidades y posibilidades transformadoras. La influencia transformadora de la fe en las actitudes y mentalidades va más allá del mero optimismo y crecimiento; se convierte en un vehículo para desmantelar las creencias autolimitantes que impiden el progreso personal.

Estas creencias limitantes, a menudo profundamente arraigadas en experiencias o condicionamientos sociales, actúan como cadenas que impiden a las personas desarrollar todo su potencial. Sin embargo, dentro de la fe, los individuos descubren una fuerza liberadora que les insta a liberarse de las cargas de la duda y la inseguridad. En su lugar, la fe infunde un sentido inquebrantable de autoestima y confianza en las propias capacidades, convirtiéndose en una fuerza magnética que atrae a las personas hacia el auto empoderamiento y el potencial sin explotar.

Este cambio transformador de mentalidad bajo la influencia de la fe culmina en una apertura al cambio y a la adaptabilidad. Cuando las personas adoptan los principios de la fe, están dispuestas a aceptar los giros de la vida con gracia, adaptándose a las nuevas circunstancias y oportunidades. Las investigaciones sociológicas sobre el impacto de la fe en las actitudes revelan cómo los individuos de las comunidades religiosas muestran una mayor resistencia y aceptación hacia el cambio, fomentando una atmósfera de armonía en medio de los cambios sociales.

Fomentar las relaciones personales:

El impacto de la fe en las relaciones humanas ha sido objeto de una amplia investigación que ha intrigado a estudiosos de diversas disciplinas. La religión, una fuerza omnipresente en las sociedades de todo el mundo, cataliza el fomento de conexiones significativas y compasivas entre las personas. En esta fascinante exploración, nos embarcamos en un viaje para desentrañar cómo la fe anima a los individuos a extender el amor, el perdón y la comprensión a los demás, forjando lazos armoniosos y promoviendo un sentido de interconexión.

Al examinar los sistemas de apoyo y los valores compartidos que prevalecen en las comunidades religiosas, revelamos cómo estas relaciones se convierten en terreno fértil para el crecimiento personal, el apoyo mutuo y la colaboración fructífera. A través de la lente de la fe, descubrimos cómo las personas aprenden a cultivar la empatía, practicar el perdón y fomentar el sentido de comunidad, lo que culmina en relaciones más satisfactorias y enriquecedoras que trascienden los límites de los sistemas de creencias.

En el centro del impacto de la fe en las relaciones personales se encuentra su capacidad para inspirar compasión. Independientemente de las afiliaciones religiosas o espirituales, la religión infunde en los individuos un sentido de empatía y comprensión hacia los demás.

Los estudios psicológicos que exploran el vínculo entre la fe y la compasión revelan cómo la creencia en un poder superior o en la interconexión universal motiva a las personas a realizar actos de bondad y altruismo. La empatía, es decir, la capacidad de identificarse emocionalmente con las experiencias de los demás, se revela como un componente vital para establecer vínculos significativos con otros seres humanos. La fe anima a los creyentes a ponerse en el lugar de los demás, fomentando una auténtica preocupación por su bienestar y promoviendo una cultura de atención y compasión. El perdón, otra faceta integral del impacto de la fe en las relaciones, capta la atención de los estudiosos que tratan de comprender la dinámica de la reconciliación humana. Las enseñanzas religiosas suelen hacer hincapié en el perdón, animando a los creyentes a olvidar las transgresiones del pasado y a abrazar el poder transformador de la reconciliación.

El estudio del perdón en contextos religiosos desentraña los beneficios psicológicos y emocionales que se derivan del acto de perdonar. A medida que los individuos aprenden a extender el perdón, experimentan una sensación de liberación y sanación emocional y sientan las bases para fomentar relaciones más sanas y duraderas. Diversas investigaciones sobre los mecanismos a través de los cuales la fe facilita el perdón revelan cómo las creencias religiosas pueden actuar como un amortiguador contra el resentimiento y el odio, fortaleciendo el tejido de las conexiones interpersonales.

Las comunidades religiosas actúan como ecosistemas cautivadores y solidarios que merecen una atención significativa en la exploración del impacto de la fe en las relaciones personales. El ámbito de la sociología se ha embarcado en investigaciones sobre la intrincada dinámica de los grupos religiosos, descubriendo cómo estas comunidades fomentan un sentimiento de pertenencia, camaradería y valores compartidos entre sus miembros. A través del culto colectivo, los rituales y las actividades sociales, los miembros de estos grupos religiosos establecen vínculos con personas de ideas afines, trascendiendo los límites de las diferencias sociales, culturales y étnicas. El enriquecedor entorno comunitario de estos grupos religiosos sienta las bases de unas relaciones sólidas basadas en la confianza y el entendimiento mutuos. Basadas en la fe, estas conexiones se convierten en fuentes inestimables de apoyo emocional que refuerzan la resistencia y los mecanismos de afrontamiento de las personas en tiempos difíciles.

Además, las comunidades religiosas se convierten a menudo en incubadoras de crecimiento y desarrollo personal, fomentando un entorno que anima a las personas a explorar su potencial y sus talentos. Las enseñanzas religiosas sobre la humildad, la perseverancia y el servicio motivan a los creyentes a superarse y a contribuir de forma significativa a sus comunidades.

El examen del crecimiento personal en contextos religiosos revela cómo las prácticas espirituales, como la meditación, la oración y la reflexión, contribuyen a aumentar el conocimiento de uno mismo y la introspección. Este cambio interno repercute positivamente en la forma en que los individuos se desenvuelven en sus relaciones, permitiéndoles ser más abiertos de mente, empáticos y comprensivos con sus parejas, amigos y miembros de la comunidad.

La interacción entre la fe y las relaciones personales va más allá de las interacciones individuales e impregna los esfuerzos de colaboración y las iniciativas colectivas. Los estudiosos que exploran la dinámica del activismo social basado en la fe explican cómo las creencias y valores compartidos movilizan a las comunidades religiosas para unirse en causas que trascienden los intereses individuales. En estos esfuerzos de colaboración, diversos grupos religiosos encuentran puntos en común, superando divisiones confesionales y barreras sociales para abordar problemas sociales acuciantes. El compromiso compartido con la justicia social y el altruismo subraya cómo la fe actúa como una fuerza cohesiva que une a los individuos en pos de un propósito común, trascendiendo las fronteras de los sistemas de creencias para formar un armonioso tapiz de interconexión. Sin embargo, la investigación sobre el papel de la fe en el fomento de las relaciones personales carece de complejidades y desafíos. Los investigadores profundizan en los aspectos más oscuros de la influencia de la fe en las relaciones, reconociendo que los puntos de vista religiosos o la exclusividad pueden provocar divisiones y conflictos. La inclusión y el diálogo dentro de las comunidades religiosas y entre ellas surgen como focos de preocupación, y los estudiosos buscan vías para promover el entendimiento mutuo y salvar las diferencias en un mundo cada vez más diverso e interconectado.

Encontrar el sentido y la plenitud:

En la búsqueda perenne de sentido y realización, la fe emerge como una fuerza indomable que guía a las personas hacia un sentido de propósito que trasciende el ámbito de las búsquedas mundanas. Esta cautivadora faceta de la fe se despliega a medida que se anima a los individuos a buscar experiencias trascendentes que les conecten con algo más grande que ellos mismos: un poder divino, una verdad universal o un sentido profundamente personal de la espiritualidad.

En esencia, la fe abre la puerta a una dimensión más profunda de la existencia y ofrece a las personas la clave para encontrar sentido, satisfacción y satisfacción en el entramado de sus vidas.

La búsqueda de sentido y plenitud es un anhelo universal que atraviesa culturas, religiones y sistemas de creencias. Dentro de la fe, las personas emprenden un viaje transformador, adoptando principios y enseñanzas espirituales que imbuyen a la vida de un propósito que va más allá de lo temporal y transitorio. Las exploraciones filosóficas de la búsqueda de sentido dentro de las tradiciones religiosas revelan cómo los individuos buscan respuestas a las preguntas existenciales de la vida, lidiando con la esencia de la existencia y su lugar dentro del universo. El papel de la fe a la hora de guiar a los individuos hacia experiencias trascendentes es un tema que fascina dentro de los estudios religiosos.

A medida que las personas cultivan su fe, se sienten atraídas por encuentros divinos, revelaciones místicas y momentos de despertar espiritual.

La exploración de estas experiencias trascendentales revela cómo la fe actúa como un conducto que permite a los individuos conectar con un poder superior, una verdad universal o los recovecos más profundos de sus almas. Estos encuentros con lo sagrado se convierten en faros de iluminación que iluminan el camino hacia el sentido y la plenitud de la vida.

Además, la fe confiere a los individuos un sentido de interconexión con el cosmos más amplio, actuando como una fuerza poderosa que disuelve las fronteras entre el yo y el universo.

Esta conexión sagrada se convierte en un manantial de inmenso consuelo y seguridad, que alimenta un profundo sentido de pertenencia y propósito dentro del gran tapiz de la existencia.

La exploración del impacto de la fe en la trascendencia de uno mismo en el ámbito de la investigación psicológica revela cómo los individuos experimentan una sensación de plenitud y satisfacción cuando van más allá de las limitaciones del ego y forjan una conexión con algo mucho más grande que ellos mismos. Cuando las personas alinean sus acciones con su fe, descubren una armonía entre sus convicciones internas y sus objetivos externos.

La integración de la religión en la vida cotidiana se convierte en un esfuerzo transformador que permite a las personas sentirse realizadas sirviendo a los demás, practicando el altruismo y encarnando virtudes que trascienden los deseos egocéntricos. A medida que la búsqueda de sentido adquiere un matiz desinteresado, las personas descubren un profundo manantial de plenitud que surge de contribuir al bienestar de los demás y alimentar un mundo más compasivo y armonioso.

La relación entre la fe, el sentido y la realización también se refleja en el ámbito del bienestar psicológico. La investigación empírica que explora la conexión entre la confianza y el bienestar subjetivo revela que las personas que encuentran un sentido profundo y orgullo en su fe experimentan una mayor satisfacción vital, menores niveles de ansiedad y una mayor resiliencia psicológica. Esta interacción entre religión y bienestar se convierte en un tema de investigación cautivador, que pone de relieve cómo las búsquedas espirituales se convierten en reservas de bienestar emocional y mental.

La fe puede cambiar tus circunstancias.

A continuación, profundizaremos en ejemplos de cómo la fe ha cambiado la trayectoria vital de múltiples personas notables y cómo adoptaron la fe al adquirir sabiduría en sus vidas a través de tiempos tumultuosos:

Agustín de Hipona (354-430 d.C.):

Agustín nació en la actual Argelia y fue un destacado teólogo y filósofo de los primeros cristianos. Al principio de su vida, Agustín vivió una existencia hedonista, deleitándose en muchos placeres mientras buscaba un propósito. Tras una tremenda conversión espiritual, cambió de religión y se hizo famoso entre los cristianos.[1]

Un punto de inflexión en su búsqueda de la iluminación fue cuando se hizo cristiano. Buscó una mejor comprensión del carácter de Dios, su existencia y la situación humana a través de

---

[1] *Saint Augustine (Stanford Encyclopedia of Philosophy). (2019, September 25). https://plato.stanford.edu/entries/augustine/*

su religión, además del conocimiento. Sus escritos reflejaron su búsqueda del conocimiento al debatir cuestiones teóricas, la complejidad de las aspiraciones humanas y el carácter de la verdad divina. La trayectoria de Agustín sirve de ejemplo de cómo la verdadera sabiduría puede incluir tanto percepciones espirituales como esfuerzos intelectuales.

Malcolm X (1925-1965):

Malcolm X, figura emblemática del movimiento estadounidense por los derechos civiles y voz destacada de la Nación del Islam, nació originalmente como Malcolm Little el 19 de mayo de 1925 en Omaha, Nebraska. Durante sus primeros años, la vida de Malcolm estuvo impregnada de la adversidad y los prejuicios raciales endémicos de una América profundamente segregada. El espectro de la supremacía blanca proyectó una larga sombra sobre su infancia, en la que su familia fue con frecuencia objeto de amenazas y violencia por parte de grupos supremacistas blancos, lo que moldeó profundamente su visión del mundo.

De joven, los roces de Malcolm con la ley culminaron con su encarcelamiento, un capítulo crucial que alteró drásticamente la trayectoria de su vida. Fue entre rejas donde Malcolm conoció las enseñanzas del Islam, presentadas por Elijah Muhammad y la Nación del Islam, un movimiento político y religioso afroamericano. Los principios de la autosuficiencia, el orgullo negro y el poder transformador de la fe resonaron profundamente en Malcolm, lo que condujo a su conversión y posterior adopción del nombre Malcolm X, que significaba su rechazo del apellido "Little", que consideraba un vestigio de la esclavitud. Al salir de prisión, Malcolm X abandonó su vida de pequeños delitos y se dedicó a la causa del empoderamiento negro. Como ministro y portavoz nacional de la Nación del Islam, abogó por la autosuficiencia afroamericana, el orgullo racial y la resistencia intransigente a la opresión blanca. Su incisiva oratoria y su incansable búsqueda de la justicia racial le convirtieron en una figura influyente y, para algunos, controvertida en la lucha contra la desigualdad racial.

En su incesante búsqueda del conocimiento, Malcolm X se sumergió en un estudio intensivo, tratando de comprender las raíces históricas del racismo y las injusticias sistémicas a las que se enfrentaban los afroamericanos. Amplió sus perspectivas a través de los viajes, incluida una peregrinación transformadora a La Meca, que provocó un cambio significativo en su perspectiva. El encuentro con musulmanes de todas las razas que vivían unidos influyó profundamente en su comprensión de la raza y la espiritualidad. Esta experiencia le llevó a adoptar el islam suní y un nuevo nombre, El-Hajj Malik El-Shabazz, y a defender la armonía racial y los derechos humanos no sólo en Estados

Unidos, sino en todo el mundo.

La última parte de la vida de Malcolm X estuvo marcada por una evolución filosófica que adoptó una visión más integradora de los derechos civiles, que trascendía la ideología separatista que había defendido anteriormente. A pesar de su asesinato el 21 de febrero de 1965, su legado perdura como testimonio del poder de la transformación y de la inquebrantable lucha por la justicia social. Su vida y su obra subrayan la idea de que la verdadera sabiduría no es estática, sino un viaje contínuo marcado por la búsqueda incesante de la justicia, la expansión de la comprensión, la compasión genuina por la humanidad y la búsqueda incesante de la iluminación personal y comunitaria.[2]

---

[2] 2 Biography.com Editors. (2023, September 12). Malcolm X. *Biography*. https://www.biography.com/activists/malcolm-x

Aung San Suu Kyi (1945-actualidad):

Aung San Suu Kyi, faro de la resistencia pacífica y las aspiraciones democráticas en Myanmar, también conocida como Birmania, nació el 19 de junio de 1945 en el seno de una familia profundamente arraigada en la política del país.

Su padre, el general Aung San, fue un venerado arquitecto de la independencia de Birmania del dominio colonial británico, y su madre, Daw Khin Kyi, fue una destacada figura pública. Criada en medio del turbulento clima político que siguió al asesinato de su padre cuando ella sólo tenía dos años, Suu Kyi fue muy consciente del tumulto político y de la represión ejercida por los sucesivos regímenes militares de Myanmar. Sus años de formación, aunque ensombrecidos por los conflictos de su país, también estuvieron impregnados de las tradiciones budistas que impregnan la cultura birmana. Estas enseñanzas influirían profundamente en su enfoque del activismo. Los conceptos budistas de metta (bondad amorosa) y ahimsa (no violencia) se convirtieron en los cimientos de su filosofía y guiaron sus acciones y campañas por la democracia.

La aparición de Suu Kyi como icono de la protesta pacífica fue casi fortuita. Tras pasar gran parte de su juventud en el extranjero, su regreso a Myanmar en 1988 para cuidar de su madre enferma coincidió con un levantamiento masivo contra la dictadura militar. Su incursión en la política estuvo impulsada por un agudo sentido del deber más que por aspiraciones de poder. Se vio impulsada a la vanguardia del movimiento pro democracia, canalizando su indignación moral en una llamada serena, pero apasionada a la reforma democrática pacífica.

Su adhesión a los principios budistas era evidente en su conducta y sus discursos, en los que hacía hincapié en la resistencia no violenta y la desobediencia civil como potentes herramientas contra la opresión. La práctica espiritual de Aung San Suu Kyi, especialmente el énfasis en la meditación y la autorreflexión, le proporcionó la fuerza interior necesaria para soportar los sacrificios personales que conllevó su lucha política, incluidos largos periodos de arresto domiciliario que sumaron 15 años.

Su inquebrantable compromiso con la no violencia y la búsqueda ética del cambio político le valieron el reconocimiento internacional, que culminó con la concesión del Premio Nobel de la Paz en 1991. El Comité Nobel reconoció su lucha no violenta por la democracia y los derechos humanos y la convirtió en un símbolo mundial de resistencia frente a la tiranía.

A pesar de su prolongado aislamiento del mundo y de la separación de su familia, la determinación de Suu Kyi no flaqueó. Su vida política ha sido un testimonio de su creencia de que la sabiduría duradera y el verdadero liderazgo requieren una confluencia de perspicacia política, claridad moral y profunda compasión por el sufrimiento ajeno. Siempre ha destacado que la búsqueda de la sabiduría no es una búsqueda intelectual solitaria, sino un viaje colectivo hacia una sociedad justa y equitativa, basada en la comprensión fundamental de la humanidad compartida y el bien común.

La trayectoria de Aung San Suu Kyi pone de relieve que la esencia de la sabiduría no sólo reside en la búsqueda de la iluminación personal, sino también en la defensa incesante de la dignidad y los derechos de los demás, un camino que ha recorrido con gracia y tenacidad en medio de los numerosos desafíos que han asolado su trayectoria democrática y la de su país.[3]

---

[3] *3 Pletcher, K. (2023, October 15). Aung San Suu Kyi | Biography, Nobel Prize, & Facts. Encyclopedia Britannica.*
https://www.britannica.com/biography/Aung-San-Suu-Kyi

Marian Croak (1955-actualidad)

Marian Croak es un ejemplo de innovación y logros en el mundo de la tecnología y las telecomunicaciones. Siendo una mujer afroamericana nacida en 1955, ha mostrado constantemente una convicción de piedra hacia el avance de las fronteras de su campo. Como ingeniera estadounidense, Croak ha hecho contribuciones pioneras que han moldeado y dado forma por completo a la manera en que el mundo se comunica.

A pesar de las escasas oportunidades para las mujeres en la ingeniería durante sus años de formación, Croak nunca dejó que las normas sociales definieran su potencial. Impulsada por su profundo interés en la tecnología y un agudo sentido de la determinación, realizó estudios avanzados y obtuvo un doctorado en Psicología Social y Análisis Cuantitativo por la Universidad del Sur de California. La ilustre carrera de Croak está marcada por una serie de innovaciones revolucionarias, sobre todo en el ámbito de la tecnología de voz sobre protocolo de Internet (VoIP). No se trató sólo de un avance tecnológico, sino de un cambio monumental en la forma en que el mundo se conecta. Su visión y perspicacia técnica desempeñaron un papel fundamental en la popularización y accesibilidad de la VoIP. Entre sus innumerables logros, destaca uno por su importante impacto social: el desarrollo de los servicios de emergencia 911 para VoIP. Esta innovación personificó la previsión y dedicación de Croak al bienestar público. Consciente del cambio hacia la comunicación digital, se aseguró de que, en caso de emergencia, el método de comunicación no fuera un obstáculo para acceder a la asistencia vital.

Siendo una de las pocas mujeres afroamericanas de su sector, Croak también se erigió en símbolo del triunfo contra los prejuicios raciales y de género. Su trayectoria es un testimonio de lo que puede lograrse con tenacidad, visión y valor para desafiar el statu quo. A lo largo de su carrera, Marian Croak ha recibido numerosos galardones, que sirven tanto de reconocimiento a sus contribuciones como de inspiración para quienes aspiran a dejar huella en el mundo de la tecnología.

Su legado es algo más que sus innovaciones: son los caminos que ha allanado para las generaciones futuras y la inspiración que sigue proporcionando a quienes aspiran a superar los límites en sus respectivos campos. La historia de Marian Croak, una auténtica luminaria de las telecomunicaciones, resonará e inspirará durante décadas. De estos ejemplos se desprende una pauta muy clara. Estos individuos inspiradores, a través de tiempos difíciles, desarrollaron su comprensión y búsqueda de la inteligencia, envolviendo aspectos académicos, morales y de otro mundo. Sirven como recordatorio de que la sabiduría es un esfuerzo holístico que integra el conocimiento, los valores y la búsqueda de la verdad en una variedad de circunstancias vitales. Sus experiencias transformadoras demuestran que la fe y la sabiduría, al igual que la filosofía y la sabiduría, son amigas la una de la otra.

La fe puede mantenerte fiel a tus valores:

La fe, a menudo referida como una creencia firme en lo invisible, posee un poder innato para anclar a las personas a sus valores, sirviendo de brújula inamovible en el vicioso mar de la vida. Al igual que un faro guía a los barcos en la oscuridad, la fe ilumina el camino hacia los propios principios, permitiendo preservar la integridad moral y la búsqueda de la virtud.

Esto puede interiorizarse viendo las luchas por las que han pasado muchos iconos de la historia de la humanidad. Pero la cuestión es cómo superaron estos problemas aparentemente imposibles de resolver. Tenían fe. Desde Agustín de Hipona hasta Aung San Suu Kyi, hay varios ejemplos.

Individuos complicados, que atraviesan problemas complicados, pero que descubren el poder de la fe a través de todo ello y cambian las tornas a su favor.

En esencia, la fe fomenta una conexión entre el individuo y sus valores fundamentales. Al confiar en un propósito superior o en una fuerza divina, las personas pueden mantenerse fieles a sus creencias a pesar de las presiones externas. Este compromiso inquebrantable nace de la confianza en que sus valores no son meras construcciones personales, sino que están arraigados en algo más grande y atemporal. Esta confianza constituye una base sólida que permite a las personas sortear los innumerables retos y tentaciones que les presenta la vida. La fe dota a las personas de resiliencia, infundiéndoles el valor necesario para resistir la adversidad sin comprometer sus valores. Cuando se enfrentan a dilemas éticos o a normas sociales que contradicen sus creencias, la fe les sirve de ancla moral. Otorga la fuerza necesaria para no conformarse con la multitud, lo que permite a las personas mantenerse firmes ante la ambigüedad moral.

La certeza de que sus convicciones están profundamente arraigadas en su fe les anima a perseverar, incluso cuando el camino se vuelve arduo. Además, la fe genera un sentido de responsabilidad, recordando a los individuos que sus acciones no sólo se miden por normas sociales, sino también por un principio espiritual superior.

Esta responsabilidad crea un sentido de auto-conciencia, animando a las personas a reflexionar constantemente sobre sus elecciones y acciones. Al alinear su comportamiento con sus valores basados en la fe, las personas cultivan una sensación de paz interior y satisfacción que trasciende la gratificación momentánea.

La luz positiva que proyecta la fe también es evidente en su capacidad para fomentar la compasión y la empatía. El reconocimiento de una humanidad compartida y de un vínculo espiritual común anima a las personas a tratar a los demás con amabilidad y respeto, independientemente de las diferencias. Este sentido de interconexión, nacido de la fe, alimenta el deseo de contribuir positivamente a la vida de los demás y de la comunidad en general. La fe es un faro que guía a las personas por el laberinto de la vida y les permite mantenerse firmes en sus valores. Su capacidad para infundir convicción, resistencia, responsabilidad y compasión en el tejido de la existencia humana es un testimonio de su influencia positiva. Como una sinfonía atemporal, la fe armoniza la brújula moral interior de cada uno con la melodía de la vida, dando lugar a un viaje virtuoso lleno de integridad, propósito y un compromiso duradero con los valores que los definen.

Capítulo 5: Seguridad financiera

La sabiduría financiera es un inquilino básico para cualquiera que tenga la suerte de navegar por el tiempo en esta era actual y está conectada con los capítulos anteriores sobre sabiduría y filosofía. Expongamos primero el significado individual de las finanzas. Las finanzas pueden definirse como los recursos y asuntos monetarios de un estado, organización o persona. Los orígenes de la palabra finanzas provienen de las antiguas raíces francesas. El sentido original era "pago de una deuda, compensación o rescate"; más tarde, "impuestos, ingresos". Los sentidos actuales datan del siglo XVIII y reflejan la evolución de los sentidos en francés.

Hablaremos de lo que implican las finanzas y de su estrecha relación con la sabiduría. Para empezar con este tema, primero debemos crear una comprensión básica de lo que son las finanzas.

Sabiduría financiera

Las finanzas son un concepto crucial que abarca la gestión del dinero y los recursos, fundamental tanto para las personas como para las organizaciones. Implica diversos aspectos, como presupuestar, invertir, ahorrar, pedir prestado y planificar el futuro. Aunque las finanzas se asocian principalmente con cuestiones monetarias, su conexión con la sabiduría reside en la toma de decisiones responsable e informada. Es necesaria para alcanzar el éxito financiero y la seguridad. Como ya hemos hablado largo y tendido sobre la sabiduría, haremos una sencilla recapitulación de lo que implica para asegurarnos de que no haya discrepancias mientras exploramos cómo se entrelazan ambas. Como ya sabrá, en esencia, la sabiduría es la capacidad de aplicar el conocimiento, la experiencia y el discernimiento para emitir juicios bien fundados y obtener resultados positivos. En el contexto de las finanzas, la sabiduría va más allá de los meros conocimientos financieros. Implica comprender las implicaciones más amplias de las decisiones financieras, reconocer los riesgos y considerar las consecuencias a largo plazo.

Un aspecto de la sabiduría en las finanzas es la capacidad de establecer objetivos y prioridades financieras. Asignar sabiamente los recursos para satisfacer tanto las necesidades a corto plazo como las aspiraciones a largo plazo requiere una cuidadosa consideración de las circunstancias individuales, las condiciones del mercado y las incertidumbres futuras. Ser consciente de las necesidades frente a los deseos y evitar el gasto impulsivo es un ejemplo de cómo la sabiduría influye en las decisiones financieras. Recuerda siempre ser muy prudente en las decisiones que tomes en el panorama financiero y trazar siempre un camino de antemano, utilizando las experiencias pasadas como guía.

Otro aspecto crucial es la inversión. Las decisiones de inversión sensatas implican llevar a cabo una investigación exhaustiva, comprender el mercado, evaluar la tolerancia al riesgo y alinear las inversiones con los objetivos personales u organizativos. Un inversor sabio adopta un enfoque equilibrado, diversificando su cartera para mitigar los riesgos y optimizar los beneficios. La sabiduría siempre implica que el individuo dará los pasos correctos, basándose en experiencias anteriores y haciendo siempre su parte justa de investigación de antemano.

Por otra parte, la sabiduría en finanzas abarca la gestión responsable de la deuda. Endeudarse puede ser un movimiento estratégico para lograr ciertos objetivos, como financiar la educación o ampliar un negocio. La sabiduría dicta pedir prestado lo que se pueda devolver razonablemente y evitar deudas con intereses elevados que puedan provocar dificultades financieras. Endeudarse sin una evaluación de riesgos significativa puede ser perjudicial para una persona, ya que se vería atrapada en un ciclo de intereses altos y crecientes.

La sabiduría también desempeña un papel importante en la planificación financiera y la preparación para la jubilación. Comprender el impacto potencial de la inflación, las cambiantes condiciones económicas y las expectativas de estilo de vida ayuda a las personas a tomar decisiones informadas sobre ahorros, inversiones y fondos de jubilación. Una planificación financiera prudente garantiza una jubilación cómoda y protege frente a circunstancias imprevistas.

Además de las decisiones financieras individuales, la sabiduría también se extiende a los ámbitos empresarial y gubernamental. Para las empresas, una gestión financiera prudente implica optimizar el flujo de caja, tomar decisiones de inversión acertadas y garantizar la sostenibilidad para el crecimiento a largo plazo. Los gobiernos también deben tomar decisiones financieras sensatas para equilibrar los presupuestos, asignar los recursos de forma eficiente y apoyar la estabilidad económica.

Las decisiones financieras sensatas tienen en cuenta las responsabilidades éticas y sociales. El concepto de finanzas sostenibles ha ganado importancia, haciendo hincapié en la necesidad de inversiones que promuevan los principios medioambientales, sociales y de gobernanza (ASG). La inversión ética, el apoyo a empresas responsables y la consideración del impacto más amplio de las acciones financieras son ejemplos de sensatez en las finanzas.

La educación y el aprendizaje continuo desempeñan un papel fundamental a la hora de fomentar la sabiduría financiera. Fomentar la educación financiera desde una edad temprana dota a las personas de los conocimientos y habilidades necesarios para tomar decisiones financieras informadas a lo largo de su vida. Enfatizar la importancia del pensamiento crítico, la resolución de problemas y las consideraciones éticas en la educación financiera puede contribuir a un enfoque más sabio de la gestión del dinero.

Las finanzas y la sabiduría están intrínsecamente vinculadas a través de la aplicación del conocimiento, la experiencia y el discernimiento a los asuntos financieros. Tomar decisiones financieras sensatas requiere un enfoque reflexivo y responsable que tenga en cuenta las consecuencias a largo plazo, las consideraciones éticas y el impacto más amplio en las personas, las organizaciones y la sociedad.

En cierto modo, cultivando la alfabetización financiera, promoviendo prácticas sostenibles y fomentando una cultura de aprendizaje continuo, podemos mejorar la sabiduría financiera y contribuir a un futuro más seguro y próspero.

Debate sobre seguridad financiera

Se puede afirmar con bastante seguridad que crear seguridad financiera es un objetivo sabio y esencial que ofrece numerosas ventajas y tranquilidad a las personas y los hogares. La seguridad financiera se refiere al estado de tener una base financiera estable y sostenible, que protege frente a circunstancias imprevistas y permite llevar una vida cómoda y satisfactoria. En esta sección exploraremos las razones por las que es sensato priorizar y alcanzar la seguridad financiera.

La seguridad financiera proporciona una red de seguridad durante emergencias y acontecimientos inesperados. La vida está llena de incertidumbres, como emergencias médicas, pérdidas de empleo o desastres naturales. Con ahorros y reservas financieras, las personas pueden capear estas tormentas sin tener que enfrentarse a graves dificultades financieras. Les permite cubrir necesidades inmediatas y evitar recurrir a deudas con intereses elevados o vender activos en condiciones desfavorables. Además, la seguridad financiera fomenta la sensación de estabilidad y reduce el estrés. Las preocupaciones financieras pueden ser una fuente importante de ansiedad y tensión para la salud mental. Saber que se dispone de recursos suficientes para cubrir los gastos esenciales, gestionar las deudas y planificar el futuro infunde una sensación de confianza y tranquilidad. Esta estabilidad permite a las personas centrarse en otros aspectos de la vida, como el crecimiento personal, las relaciones y el bienestar general.

En muchos sentidos, la seguridad financiera abre oportunidades de crecimiento personal y profesional. Una base financiera sólida permite invertir en educación, formación o creación de empresas. Proporciona la libertad de explorar nuevas trayectorias profesionales o asumir riesgos calculados que pueden conducir a una mayor prosperidad y realización financieras. La seguridad financiera permite a las personas perseguir sus pasiones y alcanzar sus objetivos sin verse constreñidas por limitaciones financieras.

Además, la seguridad financiera permite planificar y preparar mejor los hitos de la vida. Ya se trate de comprar una casa, financiar la educación o ahorrar para la jubilación, tener seguridad financiera garantiza que las personas puedan afrontar estos importantes acontecimientos de la vida con confianza y facilidad. Una planificación adecuada y la previsión conducen a mejores resultados, menos estrés y un viaje más agradable hacia estos hitos.

La seguridad financiera contribuye a la acumulación de riqueza a largo plazo. Cuando las personas se centran en crear seguridad financiera, tienden a adoptar hábitos prudentes, como ahorrar con regularidad, presupuestar con prudencia e invertir estratégicamente. Estos hábitos, combinados con el poder del interés compuesto, pueden conducir a una acumulación sustancial de riqueza a lo largo del tiempo, proporcionando una jubilación cómoda o dejando un legado financiero para las generaciones futuras.

La seguridad financiera también mejora las relaciones y fomenta el sentido de la responsabilidad. Las parejas y familias financieramente seguras tienen menos probabilidades de sufrir conflictos relacionados con el dinero. La comunicación abierta sobre las finanzas, los objetivos financieros compartidos y el apoyo mutuo para alcanzarlos refuerzan los lazos y crean un entorno doméstico más armonioso. La seguridad financiera no consiste sólo en acumular riqueza, sino también en proteger lo que se ha construido. Los seguros y la planificación del patrimonio son componentes cruciales de la seguridad financiera. Contar con una cobertura de seguros adecuada protege contra riesgos imprevistos, mientras que la planificación del patrimonio garantiza que los activos se transfieran de acuerdo con los deseos de cada uno, minimizando posibles disputas y complejidades legales.

Por último, la seguridad financiera permite a las personas retribuir y contribuir a sus comunidades. Con estabilidad financiera, las personas pueden hacer donaciones benéficas, apoyar causas que les importan y tener un impacto positivo en la sociedad. Esta capacidad de ayudar a los demás no sólo beneficia a los necesitados, sino que también aporta un sentido de realización y propósito a quienes dan.

Crear seguridad financiera es una sabia decisión con beneficios de largo alcance. Proporciona una red de seguridad en caso de emergencia, reduce el estrés y fomenta la estabilidad y la confianza. La seguridad financiera permite a las personas aprovechar las oportunidades, planificar los hitos de la vida y crear riqueza a largo plazo. Fortalece las relaciones y fomenta hábitos financieros responsables.

Además, la seguridad financiera permite a las personas retribuir y tener un impacto positivo en sus comunidades. Las personas pueden llevar vidas más plenas y significativas dando prioridad a la seguridad financiera y tomando decisiones financieras informadas y prudentes.

Tomar decisiones financieras a tiempo

A menudo, puede considerarse una tendencia que las personas de éxito suelen tener su origen en la práctica de una sabiduría financiera temprana en sus vidas. Tomar decisiones financieras acertadas a una edad temprana es crucial por varias razones de peso que pueden repercutir en el bienestar financiero de una persona y en sus perspectivas de futuro. Profundicemos en los detalles al iniciar nuestra investigación sobre qué es la sabiduría financiera.

El tiempo es un potente catalizador en el ámbito de las decisiones financieras, ya que las acciones tempranas suelen generar beneficios compuestos a lo largo de los años. Empezar a ahorrar e invertir a una edad temprana permite cosechar los frutos del interés compuesto, en el que las ganancias generan más ganancias, lo que conduce a un crecimiento exponencial de la acumulación de riqueza.

Nunca se insistirá lo suficiente en la importancia de cultivar buenos hábitos financieros desde una edad temprana. Aprender pronto a presupuestar, ahorrar e invertir de forma responsable sienta las bases para una gestión prudente del dinero durante toda la vida. Estas habilidades capacitan a las personas para navegar por las complejidades de las finanzas personales con confianza y sagacidad.

Es primordial iniciar prácticas prudentes de gestión de la deuda durante la juventud. Manejar con destreza los préstamos estudiantiles, las tarjetas de crédito y otras formas de endeudamiento evita la acumulación de deudas con intereses elevados, garantizando la estabilidad financiera a largo plazo.

Este enfoque responsable también allana el camino para un historial crediticio positivo, facilitando el acceso a recursos crediticios cuando sea necesario.

La persecución de objetivos financieros a largo plazo exige compromiso y planificación estratégica. Comenzar permite a las personas sacar partido de un horizonte temporal más amplio, lo que posibilita un progreso constante hacia objetivos como la propiedad de la vivienda, la jubilación y la financiación de la educación. Este trabajo preliminar garantiza un viaje constante y a buen ritmo hacia estos hitos.

Construir una base financiera sólida desde el principio proporciona una red de seguridad crucial en circunstancias imprevistas. Esto es especialmente importante en tiempos de pérdida de empleo o de emergencias médicas, en los que la seguridad financiera ayuda a las personas a superar los retos sin comprometer su progreso general.

La sabiduría financiera temprana no sólo fomenta el crecimiento financiero personal, sino que también capacita a las personas para explorar el espíritu empresarial y las inversiones. Las personas están más dispuestas a asumir riesgos calculados, buscar oportunidades de negocio e invertir en activos que puedan ampliar su patrimonio con el tiempo si cuentan con un sólido conocimiento de las finanzas.

Minimizar los costosos errores financieros es otro resultado valioso de la educación financiera temprana. Tomar decisiones informadas a una edad temprana puede evitar deudas onerosas o decisiones de inversión arriesgadas, garantizando una trayectoria financiera más fluida. Aunque aprender de los errores es esencial, la previsión para evitar errores importantes puede influir significativamente en el éxito financiero a largo plazo. Además, la prudencia financiera temprana puede aliviar el estrés, un subproducto común de la incertidumbre financiera. Al tomar decisiones sensatas, las personas reducen las preocupaciones financieras y liberan recursos mentales para el crecimiento personal, el desarrollo profesional y el bienestar general.

El impacto de la sabiduría financiera temprana va más allá del beneficio individual. Puede sentar las bases para la acumulación de riqueza generacional. La transmisión de conocimientos y recursos financieros fomenta un legado de prosperidad que influye positivamente en los miembros de la familia y en las generaciones futuras.

Decisiones financieras tardías:

El momento en que se toman las decisiones financieras influye significativamente en la trayectoria financiera de una persona, influyendo en los resultados y configurando los contornos de su bienestar fiscal. Retrasar estas decisiones puede introducir una serie de complejidades y retos que repercuten en varios aspectos del panorama financiero de cada uno. En esta exploración, iluminamos el intrincado tapiz tejido por los peligros de aplazar las decisiones financieras, subrayando las implicaciones globales del tiempo en la configuración de los destinos financieros.

Uno de los principales peligros de aplazar las decisiones financieras es la reducción del tiempo disponible para ahorrar e invertir. El aplazamiento de los compromisos financieros trunca el margen de tiempo para acumular y desplegar recursos financieros. Esta compresión temporal perjudica la acumulación de fondos para objetivos fundamentales a largo plazo, como la jubilación. A medida que las arenas del tiempo se deslizan por el reloj de arena, la posibilidad de mantener un estilo de vida cómodo durante los años dorados disminuye, allanando el camino a posibles vulnerabilidades financieras en el ocaso de la vida. Este peligro se ve agravado por la erosión de los ahorros para la jubilación, una consecuencia aleccionadora del aplazamiento de la planificación financiera. El fenómeno de la capitalización, piedra angular de la multiplicación de la riqueza, prospera en el amplio lienzo del tiempo. Iniciar las decisiones financieras con previsión capitaliza este crecimiento exponencial, facilitando la acumulación de un sólido corpus de jubilación. Por el contrario, un retraso en la toma de estas decisiones trunca el camino para que la capitalización ejerza su efecto transformador, lo que en última instancia se traduce en un fondo de jubilación reducido y posibles dificultades en los últimos años.

El aspecto temporal de la toma de decisiones financieras repercute también en el ámbito profesional. Aplazar la planificación financiera puede reducir las oportunidades de progresar en la carrera profesional o las transiciones, precipitando un impacto en cascada sobre el potencial de ingresos. El reverso de este escenario desvela un reino rico en potencial: las decisiones financieras oportunas ofrecen la posibilidad de aprovechar las perspectivas profesionales, pivotar las trayectorias y aprovechar el impulso de la seguridad financiera para perseguir nuevos horizontes.

Una cobertura de seguro eficaz depende de que las decisiones se tomen a tiempo. Aplazar la contratación de un seguro, ya sea de vida o de dependencia, expone a las personas al doble riesgo de una protección inadecuada y unas primas elevadas. El paso del tiempo engendra factores relacionados con la edad que elevan el coste de los seguros, lo que puede dejar a las personas con una cobertura inferior a la óptima o con unos desembolsos financieros tensas. Esto, a su vez, puede traducirse en vulnerabilidad ante gastos médicos imprevistos, lo que agrava la necesidad de ser astuto en la toma de decisiones financieras. Una consecuencia lamentable de la dilación es la creciente carga de la deuda. El inexorable paso del tiempo puede amplificar el peso de las deudas con intereses elevados, atrapando potencialmente a las personas en un ciclo de tensión financiera. El aplazamiento de las decisiones financieras puede culminar en la incapacidad de liquidar las deudas durante la fase de jubilación, ensombreciendo así la independencia financiera y la búsqueda de una vida satisfactoria tras la jubilación.

El espectro de un mayor estrés financiero surge como consecuencia natural de las decisiones financieras tardías. Una confluencia de recursos limitados y vías de recuperación cada vez más escasas puede fomentar un entorno de ansiedad persistente. El estrés financiero es un adversario formidable que puede precipitar efectos nocivos sobre el bienestar mental y físico, lo que subraya la urgencia de una planificación financiera oportuna como bálsamo para el bienestar integral.

La planificación patrimonial es otro ámbito en el que la dimensión temporal tiene una importancia capital. La postergación de las iniciativas de planificación patrimonial limita el alcance de las opciones disponibles para la distribución estratégica de los activos, con ramificaciones potenciales que abarcan la preservación de la riqueza, la optimización fiscal y la transición fluida de los legados a los herederos.

En un contexto social más amplio, las consecuencias del retraso en la toma de decisiones financieras pueden repercutir en las actividades benéficas y filantrópicas.

El poder de contribuir sustancialmente a las causas que importan depende del cultivo temprano de decisiones financieras que asignen los recursos estratégicamente. Un retraso en esta asignación puede reducir la capacidad de ser un catalizador para el cambio positivo, disminuyendo así el potencial de un impacto duradero. La falta de preparación puede ensombrecer exigencias imprevistas. El aplazamiento de la creación de un fondo de emergencia hace a las personas vulnerables ante acontecimientos inesperados, como urgencias médicas, reparaciones en el hogar o la pérdida repentina del empleo. La ausencia de un colchón financiero puede obligar a depender de instrumentos de deuda de alto interés, perpetuando un ciclo de fragilidad financiera. El retraso en las decisiones financieras puede restringir el horizonte temporal disponible para los ajustes del estilo de vida. La alineación óptima del propio estilo de vida con los objetivos financieros globales requiere una recalibración gradual que se facilita mejor mediante una planificación financiera temprana y estratégica. Un aplazamiento en este sentido puede obligar a cambios bruscos y potencialmente inoportunos, lo que podría reducir la calidad de vida en general.

Adoptar una mentalidad financiera

Crear estabilidad financiera a una edad temprana mediante inversiones estratégicas requiere un planteamiento meditado que equilibre el riesgo y los posibles beneficios. El arte de la inversión es un viaje que exige prudencia, paciencia y un profundo conocimiento de la dinámica del mercado. Dentro de este ámbito, varias estrategias se erigen en pilares para ayudar a alcanzar el ansiado objetivo de la estabilidad financiera.

La base de una estrategia de inversión sólida reside en el adagio "el tiempo es oro". Comenzar a invertir lo antes posible es como plantar las semillas de la prosperidad financiera.

Al iniciar las inversiones lo antes posible, se abre la puerta a un poderoso fenómeno conocido como capitalización. Esta alquimia financiera implica la reinversión de sus ganancias, lo que les permite generar ganancias adicionales con el tiempo. El efecto compuesto, similar al de una bola de nieve que rueda cuesta abajo, produce un crecimiento exponencial de sus inversiones. La constancia a la hora de contribuir a sus inversiones refuerza aún más esta trayectoria de crecimiento. Cultivar el hábito de las aportaciones regulares pone en marcha un círculo virtuoso que aumenta constantemente su estabilidad financiera. El principio de no poner todos los huevos en la misma cesta resuena en el ámbito de las inversiones. La diversificación es la piedra angular de la gestión del riesgo y consiste en repartir las inversiones entre varias clases de activos. Las acciones, los bonos, los bienes inmuebles y el dinero en efectivo son los distintos componentes de su lienzo de inversión. La diversificación actúa como un baluarte contra las fluctuaciones caprichosas del mercado. Atenúa el impacto de los malos resultados de un único activo aprovechando la fuerza colectiva de múltiples inversiones. Esta estrategia protege su cartera contra los choques de la volatilidad y le permite capear los altibajos de los mercados financieros.

El panorama de los vehículos de inversión ofrece infinidad de opciones, y entre las estrellas que brillan con luz propia se encuentran los fondos indexados de bajo coste y los fondos cotizados (exchange-traded funds, ETF).

Estos instrumentos financieros reflejan el rendimiento de un índice de mercado específico, proporcionando a los inversores una porción del mercado más amplio. Lo que los distingue es su rentabilidad. Las comisiones asociadas a estos vehículos de inversión pasiva suelen ser inferiores a las de los fondos gestionados activamente.

Este factor se traduce en que una mayor parte del dinero que tanto le cuesta ganar se canaliza hacia el crecimiento de sus inversiones en lugar de hacia las comisiones de gestión de los fondos. Los fondos indexados y los ETF se dirigen al inversor a largo plazo, ofreciéndole una trayectoria constante de crecimiento y estabilidad. En la sinfonía de la estabilidad financiera a través de las inversiones, la batuta la lleva su astuta toma de decisiones. Una mezcla armoniosa de empezar pronto, contribuir con constancia, diversificar su cartera y adoptar vehículos de inversión de bajo coste orquesta una melodía de seguridad financiera.

Mientras navega por los intrincados ritmos del panorama de la inversión, recuerde que cada estrategia aporta una nota distinta a la sinfonía, una nota que resuena con la búsqueda de un futuro financiero estable y próspero. El lienzo de las oportunidades de inversión espera sus pinceladas, y es a través de pinceladas cuidadosas que usted pinta el retrato de su estabilidad financiera.

Considerar las cuentas de jubilación patrocinadas por la empresa:

Aprovecha las cuentas de jubilación patrocinadas por la empresa, como los planes 401(k) o 403(b). Los planes 401(k) son planes que ofrecen las empresas con ánimo de lucro. Pero sólo se tiene derecho a dicho plan cuando se considera que el empleado aporta dinero antes o después de impuestos mediante deducción en nómina. Los planes 403(b) se ofrecen a organizaciones sin ánimo de lucro y a empleados de entidades gubernamentales. Contribuya lo suficiente para poder optar a cualquier aportación de contrapartida de la empresa, ya que esto proporciona esencialmente "dinero gratis" para sus ahorros de jubilación.

Abrir una cuenta Roth IRA:

Una cuenta IRA Roth es una cuenta de jubilación individual que ofrece un crecimiento libre de impuestos y retiros libres de impuestos en la jubilación. Las normas de las cuentas Roth IRA dictan que, siempre que hayas sido titular de la cuenta durante cinco años y tengas 59½ años o más, puedes retirar tu dinero cuando quieras y no deberás ningún impuesto federal. Si cumples los requisitos, considera la posibilidad de abrir una cuenta Roth IRA. Las aportaciones a una cuenta Roth IRA se realizan con dinero después de impuestos, pero las retiradas durante la jubilación están exentas de impuestos. Esto puede ser beneficioso si esperas que tu tipo impositivo futuro sea más alto.

Mantente informado y educado:

Mantenerse informado sobre los mercados financieros, las opciones de inversión y las tendencias económicas. Infórmate sobre diversas estrategias de inversión y técnicas de gestión del riesgo para tomar decisiones con conocimiento de causa.

Recuerda que saber demasiado sobre algo nunca es malo, sobre todo si estás invirtiendo el dinero que tanto te cuesta ganar.

Evitar la inversión emocional:

Invertir en función de las emociones, como el miedo o la codicia, puede llevarte a tomar decisiones impulsivas que perjudiquen tu estabilidad financiera. Cíñete a tu plan de inversión a largo plazo y evita reaccionar precipitadamente a las fluctuaciones del mercado a corto plazo.

Considerar el promediado del coste en dólares:

El promediado del coste en dólares consiste en invertir una cantidad fija a intervalos regulares, independientemente de las condiciones del mercado. Esta estrategia ayuda a reducir el impacto de la volatilidad del mercado y le permite comprar más acciones cuando los precios son bajos y menos cuando los precios son altos.

Crear un fondo de emergencia:

Algunas personas establecen estratégicamente un fondo de emergencia con entre tres y seis meses de gastos de subsistencia. Este fondo actúa como red de seguridad ante imprevistos y evita tener que recurrir a las inversiones en caso de emergencia.

Revisión y reequilibrio:

Revisar periódicamente tu cartera de inversiones para asegurarte de que se mantiene en línea con tus objetivos financieros y tu tolerancia al riesgo. Reequilibra tu cartera si es necesario para mantener la asignación de activos deseada.

Recuerda que crear estabilidad financiera a una edad temprana es un viaje a largo plazo; la paciencia y la disciplina son virtudes clave. Es esencial adaptar tu estrategia de inversión a tu situación financiera, tolerancia al riesgo y objetivos. Buscar asesoramiento financiero profesional también puede ser valioso, sobre todo al iniciar el camino de la inversión.

Acumulación de riqueza:

La acumulación de riqueza es un esfuerzo fundamental en la búsqueda de la seguridad financiera, el fomento de oportunidades y la mejora del bienestar integral. La acumulación de riqueza encierra un viaje polifacético que resuena con un tapiz de motivaciones y resultados. Este discurso profundiza en las principales razones que subyacen a la importancia de la acumulación de riqueza, desenterrando las intrincadas facetas que la convierten en una piedra angular de la prosperidad personal y social. En la cúspide de este imperativo se encuentra la noción de seguridad financiera. La acumulación de riqueza proporciona a individuos y familias una sólida red de seguridad, preparada para amortiguar el impacto de la volatilidad económica y las adversidades imprevistas. La posesión de un patrimonio acumulado permite a las personas afrontar retos imprevistos, como emergencias médicas o recesiones económicas, sin sucumbir a los grilletes de una deuda con intereses elevados ni comprometer los cimientos de su estabilidad financiera.

La planificación de la jubilación asume un papel primordial en el gran tapiz de la acumulación de riqueza. A medida que las personas se acercan a la jubilación, el patrimonio acumulado actúa como un conducto hacia una fase posterior al empleo cómoda y financieramente segura. Se traduce en la capacidad de mantener el estilo de vida deseado, participar en actividades enriquecedoras y forjarse una vida satisfactoria durante los años dorados, una manifestación tangible de la acumulación prudente de riqueza que allana el camino hacia una jubilación digna y enriquecedora.

La acumulación de riqueza se despliega como una puerta de acceso a la educación y al desarrollo de habilidades, un pasaporte para liberar el potencial y aprovechar las oportunidades. La acumulación de recursos financieros hace que las personas sean capaces de invertir en su crecimiento intelectual, acceder a una educación de calidad y perfeccionar continuamente sus habilidades. Este cultivo holístico abona el terreno para unas mejores perspectivas profesionales y un mayor potencial de ingresos, trazando en última instancia una trayectoria hacia el ascenso profesional y el empoderamiento financiero. En el gran tapiz de la acumulación de riqueza, el hilo de las empresas y las inversiones está intrincadamente entretejido. Una reserva de riqueza acumulada permite a las personas emprendedoras aventurarse en el terreno de los riesgos calculados, trazando caminos empresariales y reforzando la fortuna de sus empresas comerciales. Esta relación simbiótica entre la riqueza y los negocios genera el potencial para ampliar la generación de ingresos, perpetuando así un ciclo de prosperidad.

Las implicaciones de largo alcance de la acumulación de riqueza se extienden al tejido de la movilidad económica. Sirve como una herramienta formidable que desmantela los grilletes de la pobreza intergeneracional, allanando el camino para una movilidad socioeconómica ascendente. Al romper estas cadenas, la acumulación de riqueza dota a los individuos de la capacidad de ofrecer a las generaciones futuras una mejor calidad de vida, contribuyendo así a la mejora integral de la sociedad.

Entre la acumulación de riqueza y los nobles principios de la retribución surge una resonancia. La acumulación de recursos confiere a las personas la capacidad de tender una mano a los necesitados, fomentando iniciativas filantrópicas que elevan a las comunidades. El conducto de la filantropía, fortalecido por la riqueza acumulada, genera impactos positivos en sectores como la educación, la sanidad y las iniciativas sociales, fomentando un tapiz colectivo de enriquecimiento social.

La riqueza generacional ocupa el lugar que le corresponde como faro del legado. La riqueza acumulada, cuidadosamente administrada y transferida, crea un efecto dominó que se extiende por generaciones. Este legado duradero proporciona a los descendientes mayores oportunidades, una seguridad financiera reforzada y una plataforma de lanzamiento prometedora para sus aspiraciones. La acumulación de riqueza culmina en la cúspide de la independencia financiera, un estado en el que las elecciones están determinadas por las aspiraciones y no limitadas por las exigencias financieras. Esta autonomía empoderada engendra una vida impregnada de propósito y realización, un testimonio de las recompensas duraderas de la gestión estratégica del patrimonio. El mero hecho de acumular riqueza reduce el estrés y la ansiedad, dotando a las personas de una sensación de tranquilidad. La reserva de riqueza acumulada sirve de amortiguador contra la volatilidad de la vida, envolviendo la psique en un capullo de seguridad y ecuanimidad.

En el vasto panorama de la existencia humana, la acumulación de riqueza enriquece el cuadro de las experiencias vitales. Ofrece un tapiz de elevada calidad de vida, otorgando a los individuos el privilegio de disfrutar de actividades que resuenan con alegría y satisfacción. Es la materialización de las aspiraciones y la transformación de los sueños en realidades tangibles.

Sin embargo, es imperativo subrayar que el viaje de la acumulación de riqueza debe emprenderse con una brújula guiada por consideraciones éticas y sentido de la responsabilidad. La búsqueda de riqueza debe trascender la mera acumulación, entrelazando valores, objetivos y una aguda conciencia de los imperativos sociales y medioambientales. El arte de acumular riqueza trasciende así una narrativa solitaria, tejiendo una crónica que es a la vez personal y colectiva, una sinfonía que resuena con prosperidad sostenible para uno mismo y para el tapiz más amplio de la humanidad.

Ahorro frente a inversión:

El ahorro y la inversión son dos estrategias financieras con objetivos distintos: perfil de riesgo y rentabilidad potencial. He aquí una comparación exhaustiva entre ahorro e inversión: La acumulación de riqueza es una pieza clave en el intrincado entramado que supone alcanzar la seguridad financiera, ofrecer vías de progreso y aumentar el bienestar general. La orquestación de la acumulación de riqueza es un arte que requiere una estrategia meticulosa, una comprensión aguda de la dinámica del mercado y una apreciación de las facetas multidimensionales que abarca. En esta exposición, desentrañamos las polifacéticas razones que subrayan la importancia de la acumulación de riqueza, ahondando en sus múltiples implicaciones que repercuten en las esferas individual y social.

En el centro del discurso está el baluarte de la seguridad financiera que proporciona la acumulación de riqueza. La acumulación de recursos financieros erige una formidable red de seguridad, preparada para proteger a individuos y familias de los tempestuosos vendavales de la incertidumbre económica y las adversidades imprevistas. El colchón de riqueza acumulada permite una gestión hábil de las emergencias, las exigencias médicas y las contingencias financieras imprevistas sin precipitar el recurso a deudas con intereses elevados ni desestabilizar los cimientos de la estabilidad fiscal.

Una piedra angular emblemática dentro del edificio de la acumulación de riqueza es la meticulosa coreografía de la planificación de la jubilación. A medida que los individuos se acercan al umbral de la jubilación, el mosaico de riqueza acumulada asume el papel de un venerado guardián, asegurando una jubilación marcada por la opulencia y el bienestar financiero. Un corpus bien nutrido de activos y ahorros permite disfrutar del lujo de perpetuar el estilo de vida deseado, dedicarse a actividades enriquecedoras y disfrutar del crepúsculo de la vida con una sensación de satisfacción financiera, una encarnación de la acumulación sagaz de riqueza que fomenta el lienzo de una jubilación digna y apreciada. La acumulación de riqueza se revela además como una puerta a la trascendencia intelectual y profesional, facilitando la búsqueda de la educación y el enriquecimiento de habilidades. La reserva de medios económicos otorga a las personas el privilegio de invertir en su crecimiento intelectual, en la búsqueda de una educación de calidad y en el perfeccionamiento continuo de sus habilidades. Este cultivo estratégico refuerza la trayectoria de la persona hacia unas perspectivas profesionales superiores y una trayectoria ascendente de logros profesionales, que invariablemente culminan en un aumento de los ingresos potenciales y una mayor sensación de poder financiero.

Profundizando en esta narrativa, la interacción sinérgica entre la riqueza acumulada y las hazañas emprendedoras pasa a primer plano. La posesión de riqueza acumulada confiere el ímpetu necesario para emprender iniciativas empresariales, asumir riesgos calculados e impulsar la expansión empresarial. Esta sinfonía de riqueza y emprendimiento orquesta un crescendo armonioso que produce el potencial para una mayor generación de ingresos, amplificando invariablemente no sólo la prosperidad individual, sino también impulsando el potencial económico hacia adelante.

Más allá de los contornos del progreso individual, la acumulación de riqueza es un potente catalizador de la movilidad socioeconómica. Esta fuerza transformadora interrumpe el ciclo de pobreza intergeneracional, transformándose en un vehículo de mayor concienciación que conduce a los individuos hacia peldaños más altos de la escala socioeconómica.

Al romper los grilletes de la restricción financiera, la acumulación de riqueza precipita una cascada de oportunidades, fomentando así una mejora holística del bienestar social. La narrativa de la acumulación de riqueza extiende aún más sus zarcillos hacia la esfera altruista de la filantropía. A medida que aumenta la riqueza acumulada, se amplían las vías para la benevolencia, lo que permite a los individuos labrarse un legado marcado por actos de generosidad y mejora de la sociedad. La filantropía, entrelazada con la riqueza acumulada, genera un círculo virtuoso de transformación que impulsa el progreso de la sociedad mediante el fomento de la educación, la sanidad y las iniciativas sociales.

La saga de la riqueza acumulada resuena a través de las generaciones, sirviendo de antorcha del legado. La administración juiciosa y la transferencia intergeneracional de la riqueza confieren a la progenie y a los descendientes un patrimonio enriquecido, legando mejores perspectivas, una seguridad financiera reforzada y un trampolín para sus aspiraciones.

La acumulación de riqueza culmina en el pináculo de la independencia financiera, una época en la que las decisiones de la vida están guiadas por las aspiraciones y no limitadas por las exigencias fiscales. Esta encarnación de autonomía empoderada teje la narrativa de una vida imbuida de propósito, enriquecida por la capacidad de recorrer caminos impulsados por inclinaciones personales y búsquedas fervientes.

Una característica tangible de la acumulación de riqueza es su saludable impacto en el bienestar mental: la reducción del estrés y la ansiedad. La reserva de riqueza acumulada confiere el consuelo de saber que existe una red de seguridad, preparada para aliviar las tensiones de las obligaciones financieras previstas e imprevistas, creando así un equilibrio armonioso.

Al caer el telón de este discurso, la resonancia de la acumulación de riqueza reverbera en el tapiz de las experiencias vitales. Adorna la existencia con un prisma mejorado a través del cual participar en las alegrías de la vida, atravesar territorios inexplorados e imbuirse de experiencias que encienden la llama de la plenitud. La sinfonía de la acumulación de riqueza exige una obertura ética, una brújula guiada por valores y dirigida por la conciencia social y medioambiental. El viaje de la acumulación de riqueza no es una odisea aislada de amasar riquezas, sino una sinfonía que entrelaza valores, objetivos y una conciencia de los imperativos comunitarios. El arte de acumular riqueza surge así como un compromiso simbiótico, una asociación entre la prosperidad individual y la mejora holística de la sociedad, que dibuja un panorama de opulencia sostenible para todos.

Ventajas de explorar las finanzas

La sabiduría financiera ofrece numerosos beneficios que repercuten positivamente en las decisiones financieras a corto y largo plazo. Iniciemos una investigación en profundidad sobre los beneficios y las implicaciones de la sabiduría financiera:

La sabiduría financiera, una brújula indispensable en el tumultuoso mar de las decisiones fiscales, dota a las personas de sagacidad para navegar por el intrincado laberinto de las finanzas personales. Arraigada en una juiciosa amalgama de conocimiento y juicio, esta facultad guía a las personas para forjar decisiones de rotunda prudencia. La extensión de la sabiduría financiera abarca un panorama de dimensiones, cada una de las cuales contribuye a una sinfonía de beneficios que resuenan con los principios de estabilidad, crecimiento y serenidad financieros. En el corazón de la sabiduría financiera se encuentra el arte de discernir decisiones financieras acertadas. Esta destreza cognitiva implica una evaluación meticulosa de múltiples factores, un análisis hábil de los riesgos inherentes y una evaluación panorámica de las implicaciones de largo alcance engendradas por cada elección financiera. Es una confluencia de previsión y circunspección que se despliega como vanguardia contra los caprichos de las decisiones financieras impulsivas.

Una faceta central de la sabiduría financiera es el dominio de una mejor gestión del dinero. Este arte gira en torno a la hábil orquestación de presupuestos, una juiciosa distinción entre necesidades y deseos, y la hábil evitación de gastos impulsivos. Este discernimiento en las maniobras monetarias no sólo garantiza un mejor control fiscal, sino que también imparte una perspicacia indeleble que sustenta toda una vida de eficacia financiera.

Entrelazada con la sabiduría financiera está la virtud de reducir y evitar las deudas. Los adeptos a esta filosofía están en sintonía con el arte de gestionar la deuda con sensatez, diseñando meticulosamente estrategias de reembolso sistemático. La saga se desarrolla como una danza estratégica, en la que la carga del pago de intereses se disipa y las puntuaciones de crédito ascienden en armoniosa resonancia con la disciplina fiscal.

Un crescendo de sabiduría financiera surge en el ámbito del ahorro y la inversión. Esta extensión se adorna con las gemas del ahorro regular y las inversiones astutas, culminando en una formidable fortaleza de seguridad financiera. Los practicantes de la sabiduría financiera atienden al toque de clarín de reservar fondos para las exigencias, prever la jubilación y fomentar la germinación de aspiraciones futuras.

Una piedra angular de la sabiduría financiera reside en el cultivo prudente de la protección contra las emergencias financieras. Al nutrir un fondo de emergencia y navegar metódicamente por el terreno de las exigencias fiscales, se dota a las personas de la resistencia necesaria para resistir los tormentosos embates de acontecimientos inesperados, evitándoles los graves apuros de la ruina financiera. La sinfonía de la seguridad financiera a largo plazo es la base de la sabiduría financiera. Esta sinfonía es una orquestación de decisiones sagaces relativas a la planificación de la jubilación, una cobertura de seguros sensata e inversiones estratégicas. Estos movimientos orquestales armonizan para formar un aumento de la estabilidad financiera, fortificando el edificio de nuestro futuro financiero.

En el suelo fértil de la sabiduría financiera florecen las semillas de la acumulación de riqueza. Este paisaje es testigo del florecimiento de inversiones prudentes, de la aceptación del potencial de crecimiento exponencial de la capitalización y del astuto aprovechamiento de las oportunidades del mercado. La culminación es una opulencia que se amplía con el tiempo, reflejando el crecimiento de la perspicacia financiera del individuo.

Los acordes de la sabiduría financiera resuenan en la reducción del estrés financiero y el cultivo de la tranquilidad. Una comprensión astuta de la dinámica financiera personal, junto con un plan financiero sólido, otorga el don de la paz mental, proporcionando un santuario de la agonía de la inquietud monetaria.

Al amparo de la sabiduría financiera, se despliegan las alas de la libertad y la flexibilidad. Sin la carga de deudas indebidas y con el estímulo de unas finanzas bien gestionadas, las personas pueden navegar por los pasillos de la vida de acuerdo con sus aspiraciones, sin las trabas de las limitaciones financieras. Los zarcillos de la sabiduría financiera se extienden hacia el sagrado terreno de la retribución. Esta dimensión capacita a los individuos para dirigir sus recursos acumulados hacia nobles esfuerzos filantrópicos, ofreciendo un conducto para impactar positivamente en la sociedad e impulsar la mejora del bienestar comunitario. Los acordes resonantes de la sabiduría financiera resuenan en las relaciones, tejiendo lazos de armonía y entendimiento. Las parejas que se comprometen con la sabiduría financiera y el diálogo transparente sobre asuntos monetarios trazan una trayectoria repleta de menos conflictos financieros y vínculos fortalecidos.

En última instancia, la culminación de la sabiduría financiera es el nacimiento del empoderamiento y la confianza. Esta esencia imparte una creencia inquebrantable en la propia capacidad para superar los retos financieros, navegar por los laberínticos vericuetos de las decisiones fiscales y desplegar un tapiz de logros alineados con las aspiraciones personales.

Encontrar el camino hacia el éxito financiero:

Emprender el camino hacia el éxito financiero es como zarpar en un gran viaje. Requiere una mezcla de navegación hábil, toma de decisiones astutas y una hoja de ruta bien elaborada. Tanto si se está sumergiendo en el mundo de la gestión de sus finanzas como si desea mejorar su situación financiera actual, la siguiente serie de ideas podría ayudarle a iluminar su rumbo y propulsarle hacia las costas de la prosperidad. Imagine sus objetivos financieros como tierras lejanas que esperan ser exploradas. Establecer estos objetivos es como trazar coordenadas en su mapa financiero.

Podría tratarse de conquistar la deuda, asegurarse una jubilación cómoda, costearse la educación superior o incluso ser propietario de una vivienda. Estos puntos de referencia proporcionan dirección y motivación, y le guían mientras navega por las intrincadas aguas de la gestión financiera. Imagina tus finanzas como un puzzle, con un presupuesto que sirva de plano. Este plano no sólo contabiliza sus ingresos y gastos, sino que también ilumina la intrincada interacción de su paisaje financiero. Piense en él como en un mapa del tesoro, que revela tesoros ocultos y caminos secretos para optimizar su trayectoria financiera.

Al igual que una ardilla diligente guarda bellotas para el invierno, el ahorro regular es la base del éxito financiero. Considéralo un hábito, como cuidar un jardín. Automatizar las transferencias a una cuenta de ahorro específica es como regar ese jardín, alimentando su futuro financiero sin necesidad de una atención constante. Imagina tus ahorros como un escudo resistente contra las tormentas inesperadas de la vida. Un fondo de emergencia, similar a una fortaleza de resistencia financiera, te protege de las tempestades imprevistas que puedan surgir. Con este baluarte, estarás preparado para afrontar cualquier reto inesperado sin recurrir a deudas con intereses elevados.

Las deudas pueden ser como un dragón que echa fuego sobre tus aspiraciones financieras. Domar a esta bestia dando prioridad a las deudas con intereses altos es como ponerse una armadura para prepararse para la batalla. A medida que vayas reduciendo tus deudas, abrirás el camino hacia el reino de la libertad financiera.

Aprender sobre el dinero es como aprender un nuevo idioma. Imagine los conocimientos financieros como un traductor universal que le permite comprender el complejo dialecto de las finanzas. Equipado con esta herramienta, podrás descifrar oportunidades de inversión, descifrar términos complejos y navegar por la intrincada red de las finanzas personales con confianza. Invertir es como plantar semillas en un jardín mágico que crece con el tiempo. La diversificación es el hechizo encantado que protege tu jardín de un solo paso en falso, garantizando que si una planta flaquea, las demás florecerán. El jardín se cuida con paciencia, resistiendo las tormentas y tomando el sol, lo que da como resultado una cosecha abundante a lo largo de los años.

Las fluctuaciones del mercado son como los cambios de estación: inevitables y a veces imprevisibles. Resistir el impulso de tomar decisiones precipitadas basadas en las emociones es como capear una tormenta repentina. Al igual que el sol acaba saliendo de las nubes, las inversiones pueden recuperarse si se mantiene el rumbo. Piensa en las compras como una gran búsqueda del tesoro, con descuentos y ofertas como joyas ocultas. Regatear para conseguir mejores precios es como negociar con un astuto comerciante en un bullicioso mercado. Añadir cupones, programas de devolución de dinero y tarjetas regalo con descuento a tu arsenal es como descubrir pasadizos secretos hacia ahorros aún mayores.

Las prestaciones de la empresa son como un arsenal bien surtido, listo para equiparle en su viaje financiero. Los planes de jubilación, las cuentas de ahorro sanitario y las cuentas de gastos flexibles son las herramientas que fortalecen tus defensas financieras y te permiten afrontar los retos del futuro con confianza. Los seguros sirven de escudo contra calamidades inesperadas, asegurando que no te pille un chaparrón sin paraguas. Piensa en él como en una armadura que salvaguarda tu bienestar financiero y te protege de las flechas inesperadas que la vida puede lanzarte.

A medida que aumenten tus ingresos, piensa en tus gastos como en un jardín que hay que cuidar con esmero. En lugar de dejar que los gastos se desborden como enredaderas sin control, cultiva la disciplina y la moderación, lo que te permitirá destinar más recursos a alimentar tus sueños financieros. Imagina el viaje financiero como una aventura emocionante con puntos de control en el camino. Las revisiones financieras periódicas son como descansar en un oasis durante una expedición por el desierto. Estas paradas en boxes te permiten reevaluar tus progresos, ajustar el rumbo y asegurarte de que sigues en el buen camino para llegar a tu destino. Planificar la jubilación es como tejer un magnífico tapiz con hilos de ahorro y previsión. Cuanto antes empiece a tejer, más intrincado y hermoso será su tapiz. Cada puntada contribuye a la obra maestra que le proporcionará confort y calidez en sus años dorados. Recuerda que alcanzar el éxito financiero no es una carrera de velocidad, sino un maratón. Es como convertir un delicado retoño en un imponente roble. Cada decisión que tomes y cada paso que des contribuirán al crecimiento constante que transformará tu paisaje financiero en un oasis verde de seguridad y abundancia.

Ejemplos de sabiduría financiera:

En nuestra búsqueda por desenterrar las gemas de la sabiduría financiera, dirigimos nuestra mirada hacia una constelación de personas notables cuyas vidas se han entrelazado con prácticas financieras prudentes. Estas luminarias no sólo iluminan el camino hacia el éxito financiero, sino que también ofrecen ideas anecdóticas que resuenan con nuestra búsqueda incesante de la sabiduría en el ámbito de las finanzas. Warren Buffett, a menudo aclamado como el "Oráculo de Omaha", es un testimonio del poder de la inversión paciente y calculada. Su trayectoria ha sido una sinfonía de decisiones basadas en el valor y un compromiso con empresas con fundamentos inquebrantables, forjando un legado perdurable en los anales de la historia de la inversión. Oprah Winfrey, titán moderno de los medios de comunicación y la filantropía, ha grabado su nombre en el tapiz de la sabiduría financiera. A través de una astuta estrategia de marca y astutas iniciativas empresariales, transformó su marca personal en un imperio, un ejemplo de cómo aprovechar la autenticidad para lograr triunfos financieros. Elon Musk, el visionario que está detrás de Tesla, SpaceX y Neuralink, encarna la sabiduría financiera con un espíritu audaz. Sus audaces esfuerzos y riesgos calculados no solo han redefinido sectores, sino que también han puesto de relieve la importancia de la innovación y la asunción de riesgos calculados en la búsqueda de la excelencia financiera.

Sheryl Sandberg, la fuerza impulsora del crecimiento y la rentabilidad de Facebook, ejemplifica la sabiduría financiera a través de la previsión estratégica y el liderazgo eficaz. Su papel a la hora de navegar por el panorama tecnológico y ser pionera en modelos de negocio sostenibles subraya el papel vital del liderazgo visionario.

George Soros, icono de la inversión y la filantropía, teje la sabiduría financiera a través de su comprensión de la economía mundial. Su capacidad para discernir las tendencias geopolíticas y tomar decisiones de inversión audaces constituye una clase magistral de cómo conectar la perspicacia financiera con una profunda comprensión de los asuntos mundiales. Jeff Bezos, el arquitecto del meteórico ascenso de Amazon, encarna la sabiduría financiera a través de su enfoque en la visión a largo plazo y la innovación centrada en el cliente. Su compromiso con la adaptabilidad y la inversión en el futuro sirve de faro para los aspirantes a empresarios.

Mary Barra, al frente de General Motors, navega por las complejidades de la industria automovilística con perspicacia financiera. Sus decisiones estratégicas, encaminadas a redefinir el enfoque de la empresa y aumentar la rentabilidad, reflejan la importancia de un liderazgo calculado. Mark Cuban, defensor de la inversión informada y disciplinada, ejemplifica la sabiduría financiera a través de su enfoque práctico de los negocios y la inversión. Sus empresas multifacéticas y su compromiso con los riesgos calculados ponen de relieve el arte de la toma de decisiones estratégicas.

Jack Ma, el visionario cofundador de Alibaba Group, encarna la sabiduría financiera a través de su viaje desde sus humildes comienzos hasta la prominencia mundial. Su énfasis en la innovación y la adaptabilidad resuena profundamente en el panorama digital en constante evolución.

Abigail Johnson, al frente de Fidelity Investments, encarna la sabiduría financiera a través de su liderazgo en el ámbito de los servicios financieros. Su gestión refleja la esencia de las soluciones centradas en el cliente y el crecimiento sostenido.

Estas luminarias, como estrellas guía, proporcionan ejemplos esclarecedores de cómo la sabiduría financiera puede forjar un camino hacia logros extraordinarios. No son meras figuras en un pedestal lejano, sino que nos ofrecen lecciones tangibles y huellas tangibles que seguir. El viaje a través de los entresijos de la sabiduría financiera requiere tiempo, paciencia y una dedicación constante.

Sin embargo, mientras navegamos por este intrincado tapiz, es imperativo recordar que la sabiduría no puede apresurarse ni forzarse. Surge a través del ensayo, el error y la introspección reflexiva. Cada proceso, cada consejo, cada anécdota tejida en este viaje requiere tiempo para desplegarse y revelar su verdadero potencial.

Capítulo 6: Relaciones de por vida

A medida que descendemos más en las implicaciones del tiempo, descubrimos la interdependencia de la sabiduría en las relaciones a lo largo de la vida. Estas conexiones tienen un fuerte vínculo con la sabiduría en el gran esquema de la humanidad, con sus garras hundiéndose profundamente en todos los individuos.

Al iniciar una indagación abstracta sobre las relaciones a lo largo de la vida, descubrimos que tienen un significado dentro del tejido de la existencia humana, encarnando una conexión que trasciende las fronteras temporales y se adentra en las profundidades de nuestro paisaje emocional e intelectual. Estos vínculos duraderos, que se forjan a través de experiencias compartidas, comprensión mutua y compromiso, sirven de pilares que sostienen el edificio de nuestras identidades individuales y nuestra humanidad colectiva.

Mientras navegamos por los laberínticos pasillos de la vida, estas relaciones se erigen como faros que nos guían a través de las complejidades de la existencia, nos ofrecen consuelo en tiempos de adversidad y enriquecen nuestras almas con momentos de alegría.

Beneficios de las relaciones para toda la vida:

Al embarcarnos en el viaje de la comprensión de las relaciones de por vida, es importante reconocer la importancia que tienen en el ámbito de la existencia humana. Estas relaciones son únicas en el sentido de que tienen la capacidad de reflejar la dualidad de la naturaleza humana, que se caracteriza tanto por la impermanencia como por la eternidad. En un mundo donde todo es fugaz y pasajero, las relaciones de por vida ofrecen una sensación de estabilidad y constancia. Sirven de ancla que nos mantiene enraizados en la realidad en medio de las mareas siempre cambiantes del tiempo. Es lamentable que el valor de las relaciones duraderas se pase por alto en una cultura que se rige por la gratificación instantánea.

En el mundo contemporáneo, las interacciones desechables y las conexiones superficiales se han convertido en la norma. Sin embargo, las relaciones para toda la vida nos recuerdan que la verdadera profundidad y satisfacción se derivan de invertir tiempo y esfuerzo en cultivar vínculos que resistan el paso del tiempo. Estas conexiones nos proporcionan un sentido de pertenencia, propósito y significado, y son un testimonio de que no estamos solos en este mundo.

Los lazos afectivos cimentados a lo largo de la vida no sólo sirven para capear temporales, sino que también proporcionan refugio en momentos de necesidad o consuelo. Los contornos de una relación para toda la vida están grabados con recuerdos compartidos, desde la exuberancia de las escapadas juveniles hasta la experimentada sabiduría que da el haber capeado juntos las tormentas de la vida.

Estos relatos compartidos tejen una compleja trama que se entrelaza de forma única con el crecimiento, la evolución y el viaje de autodescubrimiento de cada participante. En un mundo caracterizado por el cambio constante, estas relaciones se convierten en un testimonio vivo del poder de la coherencia, la lealtad y la inversión emocional. Las relaciones a lo largo de la vida de las que se habla en este capítulo sirven como crisoles de autodescubrimiento y crecimiento personal. A medida que atravesamos el paisaje del tiempo, nos enfrentamos inevitablemente a la intrincada red de nuestras propias emociones, vulnerabilidades y aspiraciones. Estas relaciones nos permiten enfrentarnos a nuestros defectos, aprender el delicado arte del compromiso y cultivar la empatía, una virtud que nace de la comprensión y la participación en las alegrías y las penas de los demás. A través de estas interacciones íntimas, se nos presentan espejos que reflejan nuestro brillo y nuestras sombras, ofreciendo una oportunidad para la autorreflexión y el cambio transformador.

El amplio abanico de implicaciones sociales también subraya la importancia de las relaciones de por vida. Estas conexiones son la piedra angular de la construcción de la comunidad, fomentando un sentido de pertenencia y continuidad que se extiende a través de las generaciones.

Las relaciones a lo largo de la vida pueden considerarse de múltiples formas. La sabiduría impartida por los mayores a su progenie, los valores compartidos transmitidos de una generación a la siguiente y la brújula moral guiada por relaciones duraderas contribuyen al tejido de sociedades estables.

En un mundo en el que el cambio se acelera exponencialmente a una velocidad vertiginosa, las relaciones de por vida se convierten en una fuerza estabilizadora que ancla a los individuos en un sentido de tradición y continuidad.

Las relaciones de por vida representan un mapa de

significado emocional, intelectual y social que entreteje los diversos hilos de la experiencia humana en un todo armonioso. Estos lazos trascienden la naturaleza efímera del tiempo, sirviendo de santuario de constancia en medio del caos del cambio. Pero hay que aprender a no temer el apego que conllevan estas narrativas compartidas, este crecimiento mutuo y el potencial transformador que encierran estas relaciones. Ellas subrayan su importancia en la conformación de nuestras identidades individuales y del tejido de nuestras sociedades. En un mundo a menudo caracterizado por la fugacidad, la relación de por vida es un testimonio del poder de la conexión humana, un tesoro digno de nuestra más profunda reverencia y compromiso. Es un tesoro que debe apreciarse durante toda la vida.

Navegar por las conexiones de por vida:

La belleza y el valor de cultivar relaciones para toda la vida son tan intemporales como la propia historia de la humanidad. Nuestros antepasados comprendieron el poder y la importancia de invertir en conexiones duraderas, y esta sabiduría ha resonado a través de los tiempos con una profundidad que habla de nuestra humanidad compartida.

Cuando reflexionamos sobre la complejidad y la riqueza de la existencia, recordamos que las gemas más preciosas de la vida se encuentran a menudo en las relaciones que abarcan toda la vida. Estas conexiones ofrecen un nivel de comprensión y sabiduría que trasciende la mera existencia temporal, revelando una profundidad de entendimiento que sólo puede alcanzarse con el paso del tiempo.

Está claro que invertir en relaciones que perduren en el tiempo no sólo responde a nuestra búsqueda de sentido y propósito, sino también a nuestro deseo innato de tener un impacto duradero en el mundo. En una sociedad en la que se valora la gratificación instantánea y los resultados inmediatos, la sabiduría de cultivar relaciones para toda la vida sirve de poderoso contrapunto, recordándonos que el verdadero valor reside en la inversión paciente y comprometida en conexiones duraderas. Crear relaciones para toda la vida es un arte que requiere habilidad, paciencia y esfuerzo. Como hábiles artesanos, tejemos los hilos de las experiencias compartidas, la empatía y el crecimiento mutuo en el tejido de estas relaciones, creando una obra maestra que resiste los estragos del tiempo. La belleza de este proceso reside en reconocer que la riqueza de la vida no se encuentra en las interacciones fugaces, sino en las conexiones que reflejan la constancia y el espíritu imperecedero de la humanidad. La creación de relaciones para toda la vida es un proceso que implica sembrar semillas que crecen hasta convertirse en imponentes robles. Al invertir en estas conexiones, plantamos las semillas de la confianza, la lealtad y la comprensión. Con el tiempo, estas semillas germinan y florecen, y sus raíces se entrelazan en lo más profundo del suelo de nuestra experiencia colectiva. Sin embargo, estas semillas requieren una cantidad considerable de cuidados y nutrientes. No podemos ignorarlas si queremos cultivar relaciones que duren toda la vida.

La sabiduría de crear relaciones para toda la vida va más allá del acto de plantar las semillas. Estriba en la paciencia necesaria para nutrir y cuidar estas relaciones a medida que evolucionan y maduran. Los lazos que surgen de este proceso se convierten en testimonio de la belleza de la longevidad y de la sabiduría de quienes reconocen que las alegrías más verdaderas de la vida surgen de invertir en lo perdurable.

Estas relaciones se convierten en depósitos de sabiduría, como un libro bien usado que alberga las historias de triunfos y tribulaciones, ofreciendo una reserva de orientación para las generaciones futuras. La sabiduría que encierran las relaciones de toda la vida no se limita a la palabra hablada, sino que surge de años de risas, lágrimas y crecimiento compartidos. A través de estas conexiones, aprendemos la danza del compromiso, el arte del perdón y las profundidades del amor incondicional.

La sabiduría que surge de cultivar relaciones para toda la vida va más allá de la realización personal. Estas conexiones forman la base sobre la que se construyen las comunidades, fomentando un sentimiento de pertenencia y continuidad que conecta a las generaciones en una red de experiencias y valores compartidos. La sabiduría que encierran estas relaciones guía a los jóvenes, sostiene a los mayores y teje los diversos hilos de la humanidad en una narrativa coherente que abarca el tiempo y el espacio.

En un mundo en el que la fugacidad es la norma, la sabiduría de abrazar relaciones que abarcan toda la vida nos llama a invertir en la perseverancia, a saborear los sabores de las experiencias compartidas y a reconocer que la verdadera satisfacción no reside en lo fugaz, sino en lo eterno. Cuando nos encontramos en la intersección del pasado, el presente y el futuro, la sabiduría de las relaciones que abarcan toda una vida nos invita a adentrarnos en el camino menos transitado, un camino pavimentado con los lazos que dan forma al curso de nuestras vidas y dejan su huella en los anales del tiempo.

Relaciones de titularidad:

Construir amistades y relaciones para toda la vida es como cuidar un jardín: requiere paciencia, comprensión y cierta atención. Todo empieza cuando apreciamos de verdad la felicidad de otra persona tanto como la nuestra. Tenemos que estar ahí para ellos, hacer un esfuerzo por escuchar cuando se comunican y estar presentes tanto en los buenos como en los malos momentos.

Cuando basamos nuestras relaciones en la honestidad, la buena comunicación y el respeto por la perspectiva y la posición del otro en la vida, estamos echando raíces que pueden resistir cualquier tormenta. Estas raíces se hacen más fuertes cuando creamos recuerdos felices juntos. Piensa en esos viajes improvisados por carretera, explorando nuevos lugares o simplemente relajándote y pasando un buen rato con aquellos con los que conectas. Estos momentos son algo más que diversión: son los hilos que entretejen nuestras vidas. Al recopilar estos recuerdos, creamos una historia que nos une, una narración que no se desvanecerá con el paso del tiempo. Hablar abiertamente con los demás es como regar este jardín, porque mantiene sanas las relaciones. Es importante compartir a veces lo que pensamos y sentimos y escuchar cuando los demás hacen lo mismo. La confianza crece cuando sabemos que podemos hablar de cualquier cosa, incluso de secretos oscuros y sueños locos, sin miedo a ser juzgados.

La escucha activa es un ingrediente importante para construir y mantener cualquier relación. Significa que nos esforzamos por comprender realmente lo que alguien dice y relacionarnos con ello, así como por establecer asociaciones con el tema central de la conversación. Este tipo de atención fomenta el respeto y el aprecio mutuos y garantiza que el tiempo que pasamos sea de calidad y nos concentremos en lo importante.

Celebrar las grandes y pequeñas victorias y mantener las tradiciones son los momentos culminantes de nuestro viaje compartido. Estos momentos ilustran cómo nuestras vidas están conectadas, nos dan un sentido de pertenencia y la alegría que proviene de experimentar juntos el viaje de la vida.

También es importante defender las cualidades y objetivos únicos de cada persona. Cuando apoyamos el viaje personal del otro, creamos un equilibrio que puede dar a cualquier relación la oportunidad de prosperar y expresarse en una dimensión sin restricciones. El perdón y la comprensión son los toques curativos cuando metemos la pata. Decir "lo siento" y dejar atrás las discusiones permite que nuestras relaciones crezcan en lugar de quedarse atascadas en un bucle de sentimientos heridos. Invertir tiempo en cada persona va más allá de pasar el rato. Se trata de hacer cosas que nos importen a cada uno, de crear momentos de calidad que muestren un nivel de cuidado y compromiso con nuestra amistad. Tener valores y creencias similares es como tener un lenguaje común. Nos da una forma de afrontar juntos el viaje de la vida a la vez que fortalecemos los vínculos. Los actos de bondad al azar son las alegrías inesperadas que mejoran las relaciones. Estos momentos de consideración demuestran lo mucho que nos valoramos los unos a los otros de una forma que a veces no se puede expresar con palabras.

Ser resiliente y comprender que las relaciones se componen de propiedades que les confieren la propensión a evolucionar y a transformarse puede ayudar a que perduren en el tiempo. Se hace más real cuando ves a cada persona de tu círculo crecer a tu lado, mientras abordáis objetivos juntos y viajáis por los vericuetos de la vida.

Relacionarte con personas que son buenas para tu alma puede mejorar la calidad de tu vida. Asegúrate de estar disponible cuando te necesiten y de aparecer en los momentos que más cuentan. Comprende también que la calidad del tiempo pasado significa más que la cantidad. El cambio es una parte fundamental de cualquier relación, pero a menudo mantiene nuestras experiencias interesantes a medida que crecemos juntos.

Mantener relaciones para toda la vida es como pintar un gran cuadro. Se necesita mano firme, variedad de colores y visión de conjunto. Cada gesto amable, cada risa compartida y cada conversación sincera se suman a esta obra maestra, creando un vínculo que nos reconforta y nos alegra mientras caminamos juntos por la vida.

La empatía desempeña el papel de director de orquesta en estas intrincadas composiciones musicales de las relaciones. Practica el arte de escuchar no sólo con los oídos, sino también con el corazón. Sintoniza con las notas tácitas de la emoción, comprendiendo las melodías subyacentes que guían las experiencias de tus seres queridos. Al igual que una sinfonía resuena en armonía, una relación florece cuando la empatía es la nota que la guía.

En tiempos de confusión, conviértete en el faro de compasión que guía a tus seres queridos a través de sus tormentas. Ofrezca un puerto seguro donde la vulnerabilidad se encuentre con comprensión y apoyo, recordándoles que nunca están a la deriva en el océano de la vida. Imagínese navegando por un mar vasto y traicionero, en busca del faro de la compasión. Extienda esta metáfora al mantenimiento de las relaciones a lo largo de la vida. Estar ahí para alguien cuando atraviesa momentos difíciles es como ser un refugio en medio de la tormenta. A veces, ni siquiera necesitamos decir nada; simplemente estar ahí puede significar el mundo. Estos son los momentos que nos unen y demuestran que nuestro vínculo va más allá de la diversión: se trata de ser un equipo, pase lo que pase.

Piensa en estas relaciones como espejos que reflejan no sólo el presente, sino también el viaje del pasado. Pule con regularidad el espejo de los recuerdos compartidos para que su superficie brille con el lustre del recuerdo. Revisen viejas fotografías, cuenten historias entrañables y reconozcan la evolución que ambos han experimentado. El acto de reflexionar refuerza la sensación de continuidad y profundiza los lazos que han resistido el paso del tiempo. Imagínense estas relaciones como esculturas talladas en el mármol de las experiencias de la vida. Al igual que un artista corrige errores y perfecciona su obra, practica el arte del perdón. Esculpe los bordes ásperos de los malentendidos y desacuerdos, esculpiendo una narrativa de comprensión y crecimiento. El acto de perdonar transforma la escultura de tu relación en una obra maestra de resistencia y unidad. Imagina estas relaciones como elixires raros y preciosos capaces de rejuvenecer el alma. Nutrelas con gotas de gratitud, saboreando los sabores de los momentos compartidos y la esencia del compañerismo. Expresa tu agradecimiento con grandes gestos y actos sencillos, reconociendo el papel que desempeñan estos vínculos en la trayectoria de tu vida.

Mantén relaciones duraderas aceptando la naturaleza en constante evolución de la existencia humana. Reconoce el hecho de que el cambio es una parte intrínseca del crecimiento y teje los hilos de la evolución en tus conexiones. Todas las personas deben aprender a celebrar las transformaciones de los demás, fomentando la persecución de los sueños y la exploración de nuevos horizontes.

Aprecia el equilibrio de la reciprocidad, donde dar y recibir fluyen armoniosamente. Nutre el vínculo ofreciendo tu atención, apoyo y presencia. Del mismo modo, acepta el don de recibir, permitiendo que tus seres queridos desempeñen su papel en el mantenimiento de la relación. El equilibrio de la reciprocidad garantiza que la conexión siga siendo un viaje compartido.

Forjar conexiones con otras personas es algo que satisface un profundo anhelo humano. Podemos tener un profundo impacto en alguien sin darnos cuenta. Sorprendentemente, los demás también pueden tener un impacto significativo en nuestras propias vidas, añadiendo un valor que puede no ser inmediatamente aparente y que sólo puede hacerse evidente años o incluso décadas después.

Profundicemos ahora en un aspecto fundamental de la experiencia humana: el eterno anhelo de socialización que es inherente a todos nosotros. Imagina una vida carente de interacción social. Es razonable suponer que su crecimiento, desarrollo y perspectiva se verían truncados si careciera de un contacto significativo con los demás. La vida se volvería monótona y poco estimulante. En el núcleo del viaje humano yace una necesidad innata de socializar que va más allá de la mera interacción. Se entreteje en el intrincado tejido de nuestra existencia, como los hilos que forman una telaraña. Las conexiones humanas crean un patrón recurrente de interdependencia, que refleja nuestra vulnerabilidad compartida y nuestra búsqueda de sentido en la vasta extensión de nuestras vidas.

Esta necesidad de socializar va mucho más allá de la supervivencia; trasciende el tiempo, la cultura y las circunstancias. Se hace eco de nuestro anhelo fundamental de navegar por el laberinto de la existencia en compañía de otros seres. Socializar tiene el poder de ayudarnos a descubrirnos a nosotros mismos al permitirnos ver nuestra esencia a través de los ojos de los demás. Sirve de teatro para la introspección, donde las experiencias compartidas y los comentarios de quienes nos acompañan en nuestro viaje nos permiten discernir los matices de nuestra identidad.

La necesidad de socializar también responde a nuestro anhelo colectivo de compartir historias. A lo largo de la historia, los seres humanos se han reunido en torno a hogueras para compartir historias de triunfos y tragedias, de héroes y villanos. En el mundo digital actual, la metafórica hoguera se ha transformado en un espacio virtual donde se comparten anécdotas y experiencias a grandes distancias. Estos relatos son más que meros cuentos: son los hilos que nos unen, que nos recuerdan nuestra humanidad común, nuestras luchas compartidas y nuestra búsqueda colectiva de una vida bien vivida.

La necesidad de socializar encuentra resonancia en el pensamiento existencial y en el ámbito de la filosofía. Los filósofos existenciales contemplan el sentido de la vida y la búsqueda humana de autenticidad. En el ámbito de la conexión humana, descubrimos la autenticidad: un reflejo genuino de nuestras emociones, aspiraciones y vulnerabilidades. Al compartir nuestro yo más íntimo, nos despojamos de las fachadas que a menudo llevamos en el mundo exterior y abrazamos la autenticidad de nuestra existencia.

Fundamentalmente, la necesidad humana de socializar es una expresión de nuestro anhelo de compañía en el viaje de la vida. Mientras navegamos por las cumbres de la alegría y los valles de la tristeza, buscamos consuelo en la compañía de compañeros de viaje que entiendan el ritmo de nuestros corazones.

El filósofo Martin Buber introdujo el concepto de las relaciones "yo-tú", destacando la profunda conexión que surge cuando los individuos se relacionan entre sí como seres únicos. En estas conexiones, no sólo encontramos compañía, sino también una afirmación de nuestra individualidad.

Las personas poseen un fuerte deseo de socializar que va más allá de las interacciones superficiales.

Estas conexiones revelan un retrato colectivo de nuestras experiencias, objetivos y progresos compartidos. Cuando buscamos autenticidad, unidad y propósito, la socialización demuestra la profunda interconexión que define nuestra existencia. A través de las relaciones humanas, descubrimos la resonancia de nuestro yo interior, los ecos de nuestros viajes individuales y el recordatorio constante de que la vida es más satisfactoria cuando se comparte con los demás.

Recuerdos e influencias:

En la vasta extensión de la existencia, tan efímera como una brisa pasajera, nuestras vidas tejen una delicada construcción de momentos, experiencias y conexiones. Al contemplar el legado que dejamos atrás, se hace evidente la naturaleza efímera de las posesiones materiales y los logros mundanos. En este viaje introspectivo, queda claro que los recuerdos y las influencias, como susurros etéreos, son los ecos constantes que reverberan por los pasillos del tiempo, dando forma al tejido mismo de la experiencia humana.

Imaginemos la vida como un intrincado mosaico, donde cada acción, cada palabra, cada emoción compartida es una pieza del rompecabezas que compone nuestra existencia. En este mosaico, los recuerdos son los colores vivos que dan vida al lienzo de nuestro ser. Estos recuerdos son las cortinas tejidas con los hilos de nuestras interacciones, grabadas con las risas, las lágrimas y los momentos compartidos que definen nuestro viaje. Al igual que un pintor utiliza pinceladas para transmitir emociones sobre un lienzo, nuestros recuerdos evocan sentimientos y emociones que persisten más allá del paso de los años.

Filosóficamente, el concepto de dejar atrás recuerdos e influencias resuena con el pensamiento existencial. Los pensadores existencialistas se preguntan por el sentido de la vida ante su fugacidad. En este contexto, el impacto que dejamos es un testimonio de la importancia de nuestra existencia, un recordatorio de que aunque la vida puede ser fugaz, sus ecos pueden resonar mucho después de que nos hayamos ido. Al igual que un guijarro crea ondas que se expanden por la superficie de un estanque, nuestras acciones crean ondas que reverberan a través de las vidas de aquellos a quienes tocamos.

Imaginemos los recuerdos como linternas que iluminan la oscuridad de lo desconocido. A medida que avanza el tiempo, estas linternas proyectan su resplandor en el camino por el que navegarán las generaciones futuras. La influencia que ejercemos -la luz que emitimos- guía a otros en sus propios viajes. Los fundamentos filosóficos de esta idea se remontan al antiguo concepto griego de "kairos", la noción de que los momentos tienen un significado inherente y el potencial de dar forma a los destinos. Nuestra influencia se convierte en una serie de momentos que dan forma a las elecciones, creencias y aspiraciones de quienes nos siguen.

En el ámbito más amplio de la civilización humana, los recuerdos y la influencia forman los hilos que tejen la síntesis de la cultura y el progreso. Al igual que las palabras de un autor pueden inspirar a generaciones, nuestras contribuciones al conocimiento, el arte y la sabiduría se convierten en faros que iluminan el camino hacia la evolución y la iluminación. Este concepto coincide con la noción filosófica de "phronesis", o sabiduría práctica, que subraya la importancia de transmitir el conocimiento y la perspicacia para mejorar la sociedad.

Al contemplar la naturaleza efímera de nuestra existencia, los recuerdos y la influencia surgen como el legado etéreo que impartimos al mundo. Son los ecos que siguen resonando, trascendiendo las fronteras del tiempo y el espacio. Los recuerdos pintan el lienzo de nuestras vidas con colores vibrantes, mientras que la influencia da forma a las trayectorias de futuros aún por desplegar. Nuestro legado no está en la acumulación de posesiones ni en la búsqueda de una fama efímera, sino en el impacto indeleble que tenemos en la vida de los demás. Los recuerdos y la influencia, como las notas armoniosas de una sinfonía atemporal, perduran en nuestros corazones y dan forma a nuestro viaje hacia la extensión desconocida del mañana. Veamos a dos personas que encarnan el principio de dejar recuerdos e influencia. Vamos a echar un vistazo a dos personas que, para mí, han dejado una huella indeleble en la historia.

Katherine Johnson (1918-2020):

Katherine Johnson, nacida en 1918, fue una matemática estadounidense pionera cuyas impecables habilidades y precisos cálculos dejaron una huella indeleble en la exploración espacial. Su aptitud natural para los números y su inquebrantable dedicación a su oficio la llevaron a alcanzar logros monumentales que desempeñaron un papel crucial en algunos de los hitos más significativos de la historia espacial. Desde muy joven, la brillantez de Katherine fue evidente. En una época en la que las oportunidades para las mujeres afroamericanas en el campo de las ciencias, la ingeniería y las matemáticas eran limitadas, Katherine demostró un talento extraordinario, superando los cursos y asimilando conceptos matemáticos con una facilidad inigualable.

Este talento prodigioso le permitió matricularse en la universidad a la tierna edad de 15 años, preparando el terreno para un legado de contribuciones sin parangón a las matemáticas y la industria aeroespacial. En la década de 1950, los conocimientos de Katherine encontraron su lugar en la NACA, que más tarde se convertiría en la NASA. Allí, su habilidad para los cálculos complejos se convirtió rápidamente en un componente integral de los avances de la institución. No sólo formaba parte del equipo, sino que a menudo era la pieza clave que garantizaba la precisión de los cálculos que determinarían el éxito o el fracaso de las misiones espaciales.

La destreza de Katherine brilló con luz propia durante la carrera espacial de los años sesenta. Cuando el astronauta John Glenn se preparaba para su vuelo orbital alrededor de la Tierra, confió en los meticulosos cálculos de Katherine. Su trabajo garantizó no sólo el éxito de la misión, sino también el regreso seguro de Glenn a la Tierra.

Éste fue sólo uno de sus muchos momentos decisivos en la NASA. Los conocimientos matemáticos de Katherine siguieron guiando las misiones Apolo y participaron en el histórico alunizaje, grabando para siempre su nombre en los anales de la exploración espacial.

A lo largo de su ilustre carrera, las excepcionales contribuciones de Katherine obtuvieron un merecido reconocimiento. La NASA celebró su papel vital en sus misiones y la colmó de elogios, incluida la prestigiosa

Medalla Presidencial de la Libertad. La vida de Katherine Johnson ha servido de inspiración a varias generaciones, subrayando el valor de la dedicación, la precisión y la excelencia en el campo de trabajo. Su trayectoria es un ejemplo de cómo el talento, combinado con un compromiso inquebrantable, puede romper barreras y cambiar la historia.[4]

Lisa Gelobter (1971-actualidad):

Lisa Gelobter destaca como fuerza pionera y titán absoluto en el panorama tecnológico estadounidense. Nacida en 1971, su afinidad por la tecnología fue evidente desde muy joven, y canalizó esta pasión en una trayectoria académica estelar. Licenciada en Informática por la Universidad de Brown y con un

---

[4] Author. full Name. (n.d.). *Katherine Johnson.* New Scientist. https://www.newscientist.com/people/katherine-johnson/

máster en el MIT, los conocimientos fundacionales de Lisa sentaron las bases para una serie de contribuciones innovadoras al mundo digital.

A lo largo de la década de 1990, Lisa estuvo a la vanguardia de los avances que redefinieron Internet. Su meticuloso trabajo en el desarrollo de animaciones web sentó las bases de las experiencias en línea dinámicas e interactivas que hoy damos por sentadas. Los conocimientos y la destreza técnica de Lisa contribuyeron significativamente a la evolución de los vídeos en línea y los sitios web inmersivos. Su asociación con empresas punteras como Shockwave, General Magic y Apple amplificó aún más su impacto en el sector tecnológico.

Más allá de sus contribuciones técnicas, el espíritu emprendedor de Lisa brilló con luz propia cuando co-fundó Digital Entertainment Network. Esta plataforma pionera fue visionaria, anunciando una nueva era de plataformas de vídeo en la web que acabaría convirtiéndose en la norma. El compromiso de Lisa fue más allá de la tecnología. Reconociendo la importancia de la diversidad y la inclusión en la industria tecnológica, se convirtió en una firme defensora de estos valores. Su dedicación culminó con la creación del primer informe sobre diversidad de Google, un testimonio de su influencia y su visión de un ámbito tecnológico más inclusivo.

Faro de resistencia, innovación y determinación, el legado de Lisa Gelobter no consiste simplemente en superar retos, sino en impulsar un cambio y un progreso significativos en su campo. Mientras sigue inspirando a los nuevos entusiastas de la tecnología, su historia nos recuerda el poder transformador de la pasión combinada con la experiencia.

Para muchos, Lisa no es sólo una pionera, sino también un símbolo de lo que es posible cuando el talento se une a un compromiso inquebrantable en el mundo de la tecnología. A través de nuestra atenta mirada, podemos ver que estas inspiradoras mujeres han superado los mares del tumulto y las limitaciones de los prejuicios para convertirse en auténticas cenit en sus campos. Sin embargo, nuestra exploración y travesía a través del tiempo aún no ha terminado, pues todavía nos queda mucho por ver.

Capítulo 7: Fe en Dios

Como seres humanos, todos tenemos diferentes objetivos que aspiramos a alcanzar en la vida. Algunos aspiramos al dinero, la fama, el poder o la influencia. Sin embargo, cuando nos lanzamos a una indagación filosófica y académica sobre este asunto, podemos discernir que el objetivo último de todo individuo es vivir una vida plena. La vida es un fenómeno impredecible y, en nuestro afán por vivir una vida plena, a veces podemos olvidar que no todo en este mundo materialista está bajo nuestro control. Sin embargo, el objetivo final sigue siendo el mismo para todos nosotros: vivir una vida que tenga sentido y sea satisfactoria.

La respuesta a la pregunta "¿Qué es una vida plena?" varía de una persona a otra. Mientras que algunos pueden verlo como tener dinero o poder, otros pueden considerarlo algo tan simple como arreglar un coche viejo que se ha convertido en un pasatiempo. Sin embargo, es crucial comprender que vivir una vida plena es mucho más complejo e implica una combinación de bienestar físico, emocional, intelectual y espiritual. Abarca la búsqueda de la felicidad, la satisfacción y el propósito que dan profundidad y sentido a la vida. Esta investigación filosófica y académica pretende explorar varios aspectos de la vida plena de una manera más asertiva, incluyendo el cultivo de relaciones significativas, la búsqueda de pasiones personales, el mantenimiento de un estilo de vida saludable y la contribución al bien común. En el centro de una vida plena se encuentra el establecimiento de conexiones significativas con los demás. Construir y cultivar relaciones con la familia, los amigos y una comunidad más amplia proporciona un sentimiento de pertenencia y apoyo emocional. Estas conexiones ofrecen oportunidades para compartir experiencias, empatía y crecimiento mutuo. La comunicación abierta, la escucha activa y la comprensión empática profundizan estas relaciones, fomentando un sentimiento de interconexión y plenitud. Igualmente importante es la búsqueda de pasiones e intereses personales. Participar en actividades que coinciden con los valores e intereses de cada uno aporta una sensación de logro y alegría. Perseguir las pasiones no sólo enriquece las experiencias vitales, sino que fomenta el crecimiento personal y el auto-descubrimiento. Ya sea pintar, tocar un instrumento musical, practicar un deporte o dedicarse a la escritura creativa, dedicar tiempo a estas actividades alimenta un sentimiento de propósito y satisfacción.

No cabe duda de que una vida plena implica cuidar el bienestar físico. Adoptar un estilo de vida saludable mediante el ejercicio regular, una dieta equilibrada, dormir lo suficiente y controlar el estrés contribuye al bienestar general, que es un tema de una vida plena que no se puede ignorar. La salud física no sólo mejora los niveles de energía y la función cognitiva, sino que también refuerza la resiliencia emocional.

Practicar la atención plena, la meditación o el yoga puede promover la claridad mental y la estabilidad emocional, permitiendo a las personas afrontar los retos de la vida con una perspectiva positiva. Pero tenga cuidado, porque vivir una vida plena también implica crecimiento intelectual y aprendizaje continuo. Debes esforzarte activamente por mejorar áreas de tu vida de las que puedas carecer. Acoger la curiosidad y buscar conocimientos en diversos campos enriquece las capacidades cognitivas y fomenta la adaptabilidad. Participar en el aprendizaje permanente mediante la educación formal, la lectura, la asistencia a conferencias o la exploración de nuevas habilidades amplía los horizontes y fomenta el desarrollo personal. La estimulación intelectual alimenta la sensación de logro y propósito, ya que las personas se desafían a sí mismas para evolucionar y ampliar su comprensión del mundo.

Contribuir al bien común es fundamental para vivir una vida plena. Los actos de bondad, el voluntariado y la participación en causas comunitarias o sociales crean un sentido de propósito que va más allá de las aspiraciones personales. Los esfuerzos altruistas tienen un impacto significativo en la vida de los demás e infunden un profundo sentido de plenitud e interconexión con el mundo en general.

Vivir una vida plena es un esfuerzo global que abarca varias dimensiones del bienestar. Cultivar relaciones significativas, perseguir las pasiones personales, mantener la salud física y mental, participar en el aprendizaje continuo y contribuir a la mejora de la sociedad contribuyen a una vida rica en propósitos y satisfacción. Al buscar el equilibrio entre estos aspectos, las personas pueden embarcarse en un viaje de auto-descubrimiento, crecimiento y realización que trasciende la mera existencia y abarca la verdadera esencia de la vida.

Realización a través de la fe:

La fe en Dios ha sido fuente de inspiración, guía y consuelo para muchas personas a lo largo de la historia. Tiene el potencial de enriquecer y transformar profundamente la vida, conduciendo a un sentido de propósito, satisfacción y plenitud. Exploremos las múltiples maneras en que la fe en Dios puede contribuir a una vida plena, abordando la paz interior, la brújula moral, la comunidad, el crecimiento personal y la resiliencia. En el centro de una vida plena arraigada en la fe está la experiencia de la paz interior. Creer en un poder superior reconforta en tiempos de incertidumbre y adversidad. La seguridad de que existe un plan y un propósito divinos proporciona una sensación de calma que permite a las personas afrontar los retos de la vida con un corazón tranquilo. Esta paz interior surge de la comprensión de que las dificultades forman parte de un relato más amplio orquestado por una fuerza benévola, lo que fomenta una mentalidad resistente que promueve el bienestar emocional.

La fe en Dios también sirve como brújula moral, guiando a las personas hacia elecciones éticas y una vida virtuosa. Las enseñanzas religiosas suelen hacer hincapié en valores como la compasión, la honestidad, la humildad y el perdón. Asumir estos valores no sólo nutre unas relaciones sanas, sino que también fomenta un fuerte sentido de la autoestima y la integridad. Cuando tomamos decisiones en consonancia con los principios de nuestra fe, contribuimos a una vida caracterizada por una conciencia tranquila y un sentido de realización moral. La fe en Dios conduce a menudo a un sentimiento de pertenencia a una comunidad solidaria. Las congregaciones religiosas ofrecen un sentimiento de unidad y propósito compartido, creando espacios para la interacción social, la amistad y el apoyo mutuo. Estas comunidades ofrecen oportunidades para el compañerismo, donde las personas pueden encontrar comprensión, aliento y camaradería. Estas conexiones aumentan el sentimiento de interconexión, combaten la sensación de soledad y fomentan el bienestar emocional.

La búsqueda del crecimiento personal es otro rasgo distintivo de una vida plena arraigada en la fe. Muchas tradiciones religiosas fomentan la superación personal a través de la introspección, la autodisciplina y el conocimiento de uno mismo. La participación en prácticas como la oración, la meditación y la autorreflexión fomentan el crecimiento espiritual y el auto-descubrimiento. Los individuos guiados por la fe suelen esforzarse por cultivar virtudes, superar retos personales y desarrollar una comprensión más profunda de su propósito, lo que contribuye a una vida marcada por el desarrollo personal continuo. Además, la fe en Dios es una fuente de resistencia ante la adversidad. Los creyentes suelen sacar fuerzas de su fe para soportar circunstancias difíciles, encontrando esperanza y sentido incluso en tiempos de sufrimiento. La creencia de que los retos son oportunidades de crecimiento y de que una presencia divina les guía a través de las dificultades refuerza la resiliencia emocional y mental. Esta resiliencia capacita a las personas para perseverar y superar los obstáculos, lo que conduce a una sensación de realización y plenitud.

La fe en Dios puede moldear y mejorar la vida de una persona, conduciéndola a una existencia plena marcada por la paz interior, la integridad moral, el sentido de pertenencia, el crecimiento personal y la resiliencia. La base espiritual que proporciona la fe ofrece una hoja de ruta para navegar por las complejidades de la vida, fomentar un profundo sentido del propósito y guiar a las personas hacia una vida con sentido y satisfacción. A través de la lente de la fe, las experiencias de la vida adquieren nuevas dimensiones, lo que permite a las personas afrontar los retos, celebrar las alegrías y encontrar la plenitud en su camino.

La sabiduría de la Palabra de Dios:

Creer en la Palabra de Dios está intrínsecamente entrelazado con los temas de la sabiduría, ya que ofrece una reserva de percepciones y orientación que iluminan la existencia humana. Esta sección profundiza en por qué abrazar la palabra de Dios manifiesta sabiduría, explorando temas como la iluminación moral, la perspectiva trascendente, la sabiduría comunitaria, el crecimiento personal y la búsqueda de la verdad última. En esencia, creer en la Palabra de Dios encarna una forma de iluminación moral. Los textos sagrados de diversas tradiciones religiosas presentan principios y valores éticos que se han ido perfeccionando a lo largo de generaciones de experiencia humana. La sabiduría implica comprender las consecuencias de nuestros actos y tomar decisiones que contribuyan al bien común. Al adoptar las enseñanzas de la Palabra de Dios, las personas alinean sus decisiones con una fuente de sabiduría probada a lo largo del tiempo que fomenta la empatía, la compasión y la integridad ética.

Además, la palabra de Dios proporciona una perspectiva trascendente que supera las limitaciones del entendimiento humano. La sabiduría abarca la capacidad de ver más allá de las circunstancias inmediatas y comprender el contexto más amplio de la vida. Las enseñanzas que se encuentran en los textos religiosos a menudo ahondan en cuestiones existenciales, abordando los misterios de la creación, la naturaleza del sufrimiento y el propósito de la existencia. Al basar sus creencias en la palabra de Dios, las personas adquieren una perspectiva que reconoce la complejidad de la vida y les ofrece ideas que elevan su comprensión a un nivel superior.

Creer en la palabra de Dios también aprovecha la sabiduría colectiva de una comunidad. La fe religiosa suele reunir a personas que comparten valores y creencias comunes. En estas comunidades, la sabiduría se comparte, se nutre y se transmite de generación en generación. El intercambio de ideas, experiencias e interpretaciones contribuye a una comprensión más rica de las enseñanzas de Dios. Esta sabiduría comunitaria apoya el crecimiento individual y fomenta la aplicación de los conocimientos espirituales a los retos del mundo real. El viaje de crecimiento personal es otra dimensión de la sabiduría que se alinea con la creencia en la palabra de Dios.

La sabiduría implica un compromiso de superación personal, introspección y humildad. Cuando las personas abrazan las enseñanzas religiosas, se embarcan en un camino de aprendizaje y transformación continuos. Estas enseñanzas fomentan el conocimiento de uno mismo, el perdón y el cultivo de las virtudes. A través de este proceso, los individuos se vuelven más sabios, más compasivos y más resistentes, encarnando la esencia de la sabiduría en su carácter y sus acciones. La búsqueda de la verdad última es un principio central de la sabiduría que resuena con la creencia en la palabra de Dios. La sabiduría abarca la búsqueda de la comprensión de la naturaleza fundamental de la realidad, la existencia y el propósito. Los textos religiosos suelen ofrecer una visión de la naturaleza de la divinidad, los misterios de la creación y la interconexión de toda la vida. Al alinearse con la palabra de Dios, las personas se embarcan en una búsqueda que trasciende lo mundano y se adentra en lo profundo, encarnando la esencia de la sabiduría al tratar de descubrir las verdades últimas que subyacen a la existencia humana.

Abrazar la palabra de Dios es un testimonio de sabiduría, ya que abarca la iluminación moral, la perspectiva trascendente, la sabiduría comunitaria, el crecimiento personal y la búsqueda de la verdad última. Las personas acceden a un manantial de sabiduría que guía sus acciones, forma su carácter y eleva su comprensión de las complejidades de la vida al basar sus creencias en enseñanzas sagradas. En este contexto, la sabiduría se convierte en una fuerza dinámica y transformadora que dota a la existencia de propósito, profundidad y una conexión transformadora con lo divino.

Relaciones al servicio de Dios:

Establecer relaciones a lo largo de toda la vida es una tarea muy apreciada que enriquece la existencia humana, proporcionando compañía, apoyo y experiencias compartidas que conforman nuestro camino hacia el auto-descubrimiento. Entre estas relaciones, el vínculo que forjamos con Dios es el más considerado y significativo, ya que sirve como cimiento de conexión espiritual, guía y amor inagotable. En esta sección, nos adentraremos en el arte de construir relaciones para toda la vida, destacando por qué la relación con Dios tiene prioridad debido a su naturaleza duradera, su impacto, su apoyo inquebrantable y su resonancia espiritual. La búsqueda de relaciones duraderas es una intrincada danza de comprensión mutua, momentos compartidos y profundidad emocional. Construir estas conexiones requiere un esfuerzo genuino, una comunicación activa y el compromiso de capear las tormentas de la vida. Estas relaciones nos acompañan en los altibajos y nos afianzan en una red de amor, confianza y empatía. Sin embargo, entre todos esos vínculos, la relación con Dios trasciende las limitaciones terrenales, ofreciendo una conexión eterna que desafía las fronteras del tiempo y el espacio.

La relación con Dios es primordial por su fuerte impacto en el individuo. Mientras que las relaciones humanas contribuyen a menudo al crecimiento personal, la relación con lo divino cataliza una transformación interior reflexiva. Abrazar la espiritualidad fomenta cualidades como la humildad, la compasión, el perdón y la gratitud. Fomenta la autorreflexión y la introspección, lo que conduce a una comprensión más profunda del propio propósito y de la conexión con el universo.

Este profundo viaje permite a las personas evolucionar hacia la mejor versión de sí mismas, en consonancia con los valores y virtudes que les enseña su fe. El apoyo incesante es una característica de la relación con Dios. Las relaciones humanas pueden tambalearse debido a las circunstancias, los malentendidos o el paso del tiempo. Sin embargo, el vínculo con lo divino permanece firme e inmutable. Los creyentes encuentran consuelo en saber que el amor y la guía de Dios están siempre presentes, ofreciendo una fuente de consuelo durante los desafíos de la vida. Este apoyo se convierte en un manantial de resiliencia que capacita a las personas para superar las dificultades con valentía y gracia.

La resonancia espiritual de la relación con Dios la eleva a un estatus único. Aunque las relaciones humanas pueden ser satisfactorias, a menudo están condicionadas por las imperfecciones y limitaciones humanas. Por el contrario, la relación con lo divino se adentra en un reino de amor, sabiduría y comprensión ilimitados.

Esta conexión espiritual resuena en las profundidades del alma, satisfaciendo un anhelo innato de significado, propósito y trascendencia. Ancla a los individuos en un sentimiento de pertenencia a algo más grande que ellos mismos, alimentando un profundo sentido de plenitud y paz interior.

El empeño en construir relaciones para toda la vida es un testimonio de la capacidad humana para la conexión y la empatía. Estos vínculos enriquecen nuestras vidas, ofreciéndonos compañía, experiencias compartidas y crecimiento mutuo.

Sin embargo, el vínculo con Dios tiene prioridad entre estas relaciones debido a su naturaleza duradera, su impacto, su apoyo inquebrantable y su resonancia espiritual.

A medida que las personas invierten en cultivar una relación con lo divino, se embarcan en una aventura que trasciende las limitaciones terrenales, guiándolas hacia una conexión de por vida que aporta propósito, profundidad y una sensación permanente de plenitud.

Encontrar la presencia de Dios en el mundo

La creencia en Dios y en su poder supremo es infinitamente fascinante y ha trascendido culturas, civilizaciones y siglos, dejando una huella perdurable en la historia de la humanidad. La mayoría de la población mundial cree, y su razonamiento suele ser polifacético y a menudo influido por diversos factores, entre ellos dimensiones psicológicas, culturales, filosóficas y espirituales.

Por ejemplo, algunos individuos pueden obtener consuelo de la sola creencia en un poder superior, mientras que otros pueden encontrar un sentido a sus vidas a través de las prácticas religiosas.

Además, las influencias culturales y filosóficas también pueden influir en las creencias, ya que algunas sociedades hacen hincapié en el culto colectivo y otras en el viaje espiritual individual. Esta sección profundiza en estos diferentes factores y ofrece un análisis detallado de por qué estas creencias han persistido en diversas sociedades y a lo largo de la historia, con ejemplos ilustrativos para iluminar aún más este complejo tema.

Confort psicológico y significado:

Creer en Dios suele proporcionar a las personas una sensación de consuelo psicológico, especialmente en momentos de incertidumbre, miedo o angustia. La omnipotencia de Dios supervisando el universo ofrece consuelo, proporcionando una fuente de esperanza y tranquilidad. Por ejemplo, en tiempos de adversidad personal o de crisis mundial, muchas personas recurren a la oración y buscan la guía divina para hacer frente a sus problemas y encontrarles sentido.

Explicar lo inexplicable:

La curiosidad innata de la humanidad por el mundo y sus misterios ha potenciado nuestra creencia en un poder superior como forma de explicar fenómenos naturales que antes escapaban a la comprensión científica.

Por ejemplo, las civilizaciones antiguas, incapaces de comprender las causas de las tormentas eléctricas o los terremotos, atribuían estos sucesos a la acción de dioses o deidades. Esta atribución a la intervención divina ofrecía un marco para comprender las complejidades del mundo.

Influencia cultural y social:

Los factores culturales y sociales desempeñan un papel importante en la formación de las creencias. La religión está profundamente entrelazada con las tradiciones, los valores familiares y las normas sociales de muchas culturas. Por ejemplo, las prácticas religiosas suelen integrarse en ritos de paso como nacimientos, matrimonios y funerales.

Estos vínculos culturales con las creencias religiosas contribuyen a su persistencia a través de las generaciones. Las enseñanzas religiosas suelen proporcionar un marco moral que guía el comportamiento ético y promueve virtudes como la compasión, la honestidad y el altruismo.

Muchas personas se sienten cómodas adhiriéndose a códigos de conducta religiosos que les ayudan a afrontar dilemas morales complejos. Por ejemplo, los Diez Mandamientos del cristianismo y los Cinco Pilares del islam ofrecen directrices claras para llevar una vida virtuosa. La creencia de la humanidad en Dios refleja un deseo humano fundamental de trascendencia y conexión con algo más grande. La presencia de nuestro creador divino ofrece un sentido de propósito y una vía para buscar un significado más profundo en la vida. El concepto de trascendencia puede verse en rituales, oraciones y prácticas meditativas de diversas religiones, que permiten a las personas conectar con lo divino y experimentar momentos de elevación espiritual.

Contemplación filosófica:

La existencia de Dios ha sido un tema central del discurso filosófico durante siglos. Filósofos como Tomás de Aquino y René Descartes presentaron argumentos a favor de la existencia de Dios basados en la razón y la lógica. Estas discusiones filosóficas han contribuido a la prevalencia de la creencia en Dios, al involucrar a los individuos en la exploración intelectual y proporcionar una base racional para su fe.

Experiencias personales:

Muchos creyentes relatan experiencias personales, a menudo descritas como encuentros espirituales o divinos, que solidifican su fe en Dios.

Estas experiencias pueden ir desde momentos de perspicacia filosófica hasta sentirse conectados con algo más allá del reino físico. Aunque estas experiencias son personalizadas, tienen un significado inmenso para todos y refuerzan su creencia en lo divino. La creencia en Dios es un fenómeno complejo que cambia la vida y está determinado por una combinación de factores psicológicos, culturales, filosóficos y espirituales. Ejemplos de la historia, la cultura, la filosofía y las experiencias personales ilustran por qué la mayoría de la población mundial cree en Dios. Ya sea para buscar consuelo psicológico, encontrar explicaciones a lo desconocido, adherirse a marcos morales o experimentar momentos de trascendencia, estas razones contribuyen colectivamente a la naturaleza duradera de nuestra creencia profundamente arraigada en diversas sociedades.

Dios es bueno:

La comprensión de la bondad de Dios es una piedra angular de muchas creencias religiosas, que hace hincapié en una naturaleza divina caracterizada por la compasión, la misericordia y la benevolencia. A través de este viaje podemos ver cómo Dios es bueno y misericordioso, proporcionando ejemplos de su misericordia echando un vistazo a cómo la fe en Dios se realiza junto con su amor, gracia y apoyo.

La misericordia de Dios es evidente en diversas tradiciones religiosas, mostrando su capacidad de perdón y compasión. Las teologías suelen describir la voluntad de Dios de perdonar los errores humanos y guiar a las personas hacia la rectitud. Por ejemplo, en el cristianismo, la parábola del Hijo Pródigo ilustra la disposición de Dios a abrazar y perdonar a un hijo descarriado que regresa con el corazón contrito. Del mismo modo, en el Islam, los atributos de "Ar-Rahman" (el Más Misericordioso) y "Ar-Rahim" (el Más Compasivo) destacan la misericordia sin límites de Dios.

Ejemplos de la Divina Misericordia:

En los textos y tradiciones religiosas abundan los ejemplos de la misericordia de Dios. En la historia bíblica de Jonás, Dios libra a la ciudad de Nínive de la destrucción cuando sus habitantes se arrepienten. En la tradición islámica, la historia del profeta Mahoma destaca la compasión de Dios por Su creación, como se ve en el versículo: "Mi misericordia abarca todas las cosas". Por otro lado, el hinduismo retrata la misericordia de la deidad Lord Krishna cuando rescata a los devotos de situaciones peligrosas. Estas narraciones subrayan la creencia en la benevolencia de Dios y su disposición a extender el perdón.

La fe en Dios aporta a los creyentes la seguridad de su amor incondicional. Muchas enseñanzas religiosas subrayan que el amor de Dios trasciende las limitaciones humanas, aceptando a las personas por lo que son, con sus defectos y todo. Esta seguridad fomenta un profundo sentimiento de pertenencia y autoestima, pues los creyentes comprenden que son apreciados por un creador benevolente.

La bondad de Dios se refleja también en la guía que proporciona a los creyentes. Las escrituras religiosas suelen ofrecer principios morales y éticos que sirven de guía para llevar una vida virtuosa. Por ejemplo, los Diez Mandamientos del judaísmo y el cristianismo proporcionan un marco moral, mientras que el Noble Óctuple Sendero del budismo ofrece un camino hacia la iluminación. Esta guía infunde un sentido de propósito y ayuda a los creyentes a afrontar los retos de la vida con integridad y sabiduría.

Impacto transformador:

Creer en Dios tiene un impacto transformador en la vida de las personas. El concepto de la bondad y la misericordia de Dios anima a los creyentes a emular estas cualidades en sus propias acciones. Los actos de bondad, compasión y perdón se convierten en expresiones de su fe. Esta transformación se extiende al crecimiento personal, ya que la fe anima a los creyentes a esforzarse continuamente por mejorar moral y espiritualmente. La fe en Dios proporciona a los creyentes una profunda conexión espiritual, fomentando un profundo sentido de plenitud. Esta conexión trasciende las preocupaciones terrenales, ofreciendo consuelo, propósito y un vínculo inquebrantable con lo divino. Los creyentes se sienten realizados al cultivar su relación con Dios a través de la oración, la meditación y los actos de culto.

Esperanza en tiempos de adversidad:

La bondad y la misericordia de Dios dan esperanza a los creyentes, especialmente en tiempos de adversidad.

La creencia de que Dios está presente incluso en los momentos más oscuros ofrece consuelo y fortaleza. Por ejemplo, la historia de Job en la Biblia ejemplifica la fe a pesar del inmenso sufrimiento, mostrando la esperanza de que la bondad de Dios prevalecerá. La bondad y la misericordia de Dios son extraordinarias, y se manifiestan a través del perdón, la compasión, la guía y el impacto introspectivo.

Ejemplos de diversas tradiciones religiosas ilustran estos atributos, subrayando las cualidades divinas que acercan a los creyentes a su fe. La plenitud que experimentan los creyentes surge de la seguridad del amor incondicional de Dios, de su guía, del poder insondable de la fe y de la importante conexión que fomenta. En última instancia, la fe en Dios proporciona un sentido reflexivo de propósito, esperanza y una creencia resistente en su bondad y misericordia eternas.

Fortalecer la relación con Dios es un viaje profundamente personal que implica cultivar un sentido de conexión, devoción y espiritualidad. Echemos un vistazo a las prácticas comunes que las personas pueden llevar a cabo para mejorar su relación con Dios.

Cultivar la fe:

En el centro del fortalecimiento de la relación con Dios está el cultivo de la fe. Creer en la existencia y la benevolencia de Dios es fundamental para construir una conexión. Cuando las personas reflexionan sobre sí mismas y contemplan los entresijos de la vida, pueden alimentar un sentimiento de fe más profundo. A menudo, los creyentes descubren que alimentar la fe requiere apertura, humildad y el deseo de abrazar lo desconocido.

Oración y meditación:

La oración es una práctica fundamental que permite la comunicación directa con Dios. Reservar regularmente un tiempo para la oración permite a las personas expresar sus pensamientos, esperanzas y preocupaciones, fomentando una sensación de intimidad con lo divino. La meditación complementa la oración creando un espacio para el silencio, la contemplación y una mayor conciencia de la presencia de Dios. Ambas prácticas profundizan la conexión con el reino espiritual.

Estudio de Textos Sagrados:

Explorar los textos sagrados pertinentes a la fe de cada uno puede ofrecer una comprensión de las enseñanzas y la sabiduría de Dios. Tanto si se lee la Biblia, el Corán, la Torá, el Bhagavad Gita o cualquier otra escritura religiosa, los creyentes pueden obtener valiosos conocimientos sobre la guía divina para llevar una vida ética, cultivar la compasión y lograr el crecimiento espiritual. Estos textos sirven de fuente de conocimiento para los fieles, proporcionándoles una comprensión más profunda de las verdades y principios divinos que sustentan su fe e inculcándoles el aprecio por la sabiduría espiritual que contienen.

Practicar la abnegación:

Desarrollar una relación sólida con Dios requiere un esfuerzo consciente por emular sus cualidades, como el amor, la compasión y el desinterés. Esencialmente, los creyentes deben esforzarse por parecerse más a Dios reflejando Sus atributos divinos en su vida diaria. Una forma de lograrlo es realizando actos de bondad y servicio a los demás, que no sólo son gratificantes, sino que también reflejan las intenciones de Dios para la humanidad. A través del desinterés, las personas pueden desarrollar una conexión más profunda con Dios encarnando Sus enseñanzas en sus acciones. Esto incluye ser paciente, perdonar y mostrar empatía hacia los demás, al igual que Dios hace con la humanidad. De este modo, los creyentes no sólo fortalecen su relación con Dios, sino que también contribuyen a construir un mundo mejor y más próspero.

En busca de la comunidad:

Formar parte de una comunidad o congregación religiosa puede ser inmensamente beneficioso para quienes buscan el crecimiento espiritual. Ofrecen un entorno de apoyo y acogida en el que las personas pueden relacionarse con otros creyentes y compartir experiencias, aprendizaje y aliento. Las oraciones en grupo, las reuniones religiosas y las actividades comunitarias son algunas de las formas en que los miembros de estas comunidades se reúnen para reforzar el sentimiento de pertenencia a una familia espiritual unida por una fe común. El apoyo que prestan estas comunidades puede ser especialmente útil en momentos de dificultad o crisis, ya que sus miembros pueden ofrecerse mutuamente apoyo emocional y práctico. Además, las comunidades religiosas suelen ofrecer oportunidades para realizar obras de caridad y de divulgación, lo que permite a sus miembros influir positivamente en su comunidad local y en el resto del mundo. En general, unirse a una comunidad o congregación religiosa es una experiencia enriquecedora que puede ayudar a las personas a profundizar en su conexión espiritual y mejorar su crecimiento personal.

Gratitud y atención plena:

Fomentar la gratitud y la atención plena puede ser una forma poderosa de aumentar nuestra conciencia de la presencia de Dios en nuestra vida cotidiana. Al dedicar tiempo a reconocer las bendiciones y la belleza que nos rodean, podemos cultivar un profundo sentido de asombro y aprecio por la creación divina que nos rodea. Ya sea a través de la práctica de la oración o llevando un diario de gratitud, expresar nuestro agradecimiento por la bondad y la alegría en nuestras vidas puede profundizar nuestra conexión con la providencia de Dios y ayudarnos a ver el mundo con mayor claridad y compasión. Al incorporar la atención plena y la gratitud a nuestras rutinas diarias, podemos crear una relación más significativa y satisfactoria con lo divino y encontrar mayor paz y propósito en nuestras vidas.

Reflexionando:

La autorreflexión periódica es una práctica esencial para las personas que emprenden un camino espiritual. Ofrece la oportunidad de evaluar en profundidad las propias acciones, intenciones y progresos hacia el crecimiento espiritual. Reflexionar sobre la concordancia entre el comportamiento y las creencias de cada uno permite a los creyentes identificar las áreas que requieren mejoras y les impulsa a buscar formas de superar conscientemente las deficiencias. Este proceso de introspección y superación personal puede acercar a los creyentes a su comprensión de Dios y mejorar su conexión espiritual. A través de la autorreflexión regular, las personas pueden desarrollar un mayor sentido de autoconciencia y atención, lo que conduce a un viaje espiritual más satisfactorio y significativo.

Afrontar los retos y confiar en Dios:

La vida está llena de retos y contratiempos, y a veces puede resultar difícil afrontarlos. Sin embargo, para los creyentes, estas pruebas pueden servir como valiosas oportunidades para fortalecer su relación con Dios. Cuando se enfrentan a la adversidad, las personas pueden recurrir a su fe y confiar en la guía y el apoyo de Dios para superar los momentos difíciles.

Al considerar los desafíos como oportunidades de crecimiento, los creyentes pueden transformar sus perspectivas y encontrar sentido en medio de las circunstancias difíciles. Incluso cuando las cosas no salen según lo previsto, pueden confiar en que el plan de Dios se está desarrollando y que todo sucede por una razón. Puede que no siempre esté claro al principio, pero con fe y perseverancia, los creyentes pueden superar cualquier obstáculo y salir más fuertes que antes.

Vida consciente:

A medida que vivimos nuestra vida cotidiana con atención plena, nos resulta más fácil reconocer la presencia de lo divino en todo lo que nos rodea. Cada actividad rutinaria, desde la más mundana a la más significativa, puede transformarse en un acto sagrado de devoción cuando la abordamos con intención y propósito. Ya se trate de cumplir con nuestras responsabilidades, dedicarnos al trabajo o cultivar las relaciones, cada acción puede profundizar nuestra conexión con lo divino y fortalecer nuestro sentido de propósito e integridad.

Fortalecer nuestra relación con Dios es una empresa polifacética que implica cultivar la fe, dedicarse a la oración y la meditación, estudiar textos sagrados, practicar el desinterés, buscar la comunidad, abrazar la gratitud, reflexionar y confiar en el plan de Dios. Al integrar estas prácticas en la vida cotidiana, las personas emprenden un camino que profundiza su conexión con lo divino, fomenta el crecimiento espiritual y les acerca a un sentido de propósito, significado y plenitud.

Como hemos comentado antes, la fe está profundamente entrelazada con la sabiduría, su sonido se entrelaza con la filosofía, y la verdad del mundo reverbera a través del tiempo y el espacio.

Thomas Merton (1915-1968):

Thomas Merton fue un sacerdote trapense, erudito y ensayista estadounidense. Tuvo una educación turbulenta marcada por la lucha interior y la búsqueda de sentido. Merton, por su parte, se convirtió al catolicismo e ingresó en el monasterio tras un encuentro con la fe que le cambió la vida. Merton se convirtió en un influyente escritor espiritual que investigó las intersecciones de la fe, la soledad y la justicia social dentro de los muros de clausura. Merton dedicó su vida monástica a la contemplación y a la introspección espiritual como medio para adquirir sabiduría. Su aceptación del cristianismo y su admisión en el monasterio le proporcionaron un marco para perseguir más intuiciones y verdades.

Los escritos de Merton reflejan su búsqueda de la sabiduría y los aspectos místicos de la vida. Las personas que buscan una transformación espiritual y una comprensión más profunda de la fe siguen inspirándose en su viaje introspectivo y en sus escritos, como "La montaña de los siete pisos". Su viaje demuestra que el silencio, la reflexión y la conexión con lo divino pueden cultivar la sabiduría.[7]

La historia de C.S. Lewis:

La vida de Clive Staples Lewis, comúnmente conocido como C.S. Lewis, es un testimonio del poder transformador de la sabiduría de la fe. Lewis, célebre escritor y erudito británico, es famoso por sus obras de ficción, entre ellas la serie "Las crónicas de Narnia", y sus escritos apologéticos, en particular "Mero cristianismo". He incluido este fascinante relato para explicar cómo la adopción de la fe puede influir positivamente en una persona. El viaje de C.S. Lewis desde el ateísmo hasta convertirse en un cristiano devoto explora los momentos cruciales y la evolución intelectual que dieron forma a su notable transformación. C.S. Lewis nació el 29 de noviembre de 1898 en Belfast, Irlanda. Lewis creció en un hogar nominalmente cristiano, y sus primeros años de vida estuvieron marcados por la tragedia. Su madre murió cuando él sólo tenía nueve años, lo que le dejó profundamente afectado y le hizo cuestionarse la existencia de un Dios benevolente. Estas dudas tempranas sobre la fe sentaron las bases de sus posteriores convicciones ateas.

Lewis fue un erudito excepcional desde muy joven. Estudió en la Universidad de Oxford, donde sus actividades académicas le expusieron a un mundo de retos intelectuales y perspectivas diversas.

Durante su estancia en Oxford, Lewis se vio influido por el clima intelectual de su época, caracterizado por el auge del ateísmo y el escepticismo. Bajo la influencia de su amigo íntimo, J.R.R. Tolkien, Lewis comenzó a explorar los mitos, la literatura y la filosofía, que desempeñarían un papel crucial en su viaje espiritual.

El estallido de la Primera Guerra Mundial tuvo un fuerte impacto en Lewis y su generación. Al servir como soldado en el frente en Francia, Lewis experimentó de primera mano los horrores de la guerra. Esta experiencia profundizó su escepticismo sobre la existencia de un Dios justo y compasivo, y regresó de la guerra como ateo convencido. Aunque Lewis era ateo, su mente inquisitiva le impulsó a explorar los conceptos religiosos y la literatura. Empezó a asistir a reuniones de un círculo literario llamado los "Inklings", donde conoció a otros escritores como Tolkien. Con el tiempo, a través de la exploración personal y la interacción con otras personas, Lewis pasó del ateísmo al teísmo. Aceptó la noción de un ser supremo, reconociendo la existencia de Dios como una posibilidad racional. El viaje de Lewis continuó cuando se sumergió en los escritos de autores cristianos como G.K. Chesterton, George MacDonald y John Bunyan. Estos autores desempeñaron un papel importante en la formación de su fe. Lewis se sentía especialmente atraído por los aspectos alegóricos e imaginativos de la literatura cristiana, que encajaban con su formación mitológica y narrativa.

El punto de inflexión en el viaje espiritual de C.S. Lewis se produjo una tarde de septiembre de 1931. Mientras conversaba con su íntimo amigo, J.R.R. Tolkien, y con otro amigo, Hugo Dyson, Lewis tuvo lo que describió como una "noche de los cuchillos largos". Durante esta intensa discusión sobre mitología y el significado de Cristo, Lewis experimentó un despertar espiritual. Más tarde escribió sobre este momento en su autobiografía, "Sorprendido por la alegría", afirmando que "se rindió" a la presencia de Dios y se dio cuenta de que se había convertido al cristianismo. Esta experiencia de conversión marcó un momento crucial en su vida.

Tras su conversión al cristianismo, C.S. Lewis se dedicó a estudiar teología y a defender la fe. Fue autor de numerosos libros y ensayos que le consagrarían como uno de los apologistas cristianos más influyentes del siglo XX. "Mero cristianismo", quizá su obra más famosa, destilaba complejos conceptos teológicos en un lenguaje accesible, haciendo inteligibles las creencias cristianas a un público amplio. El viaje de C.S. Lewis del ateísmo al cristianismo es un testimonio del poder de la razón, la imaginación y la experiencia personal en cuestiones de fe. Sus escritos siguen inspirando y guiando a innumerables personas en sus propios viajes espirituales. La capacidad de Lewis para tender puentes entre el escepticismo intelectual y la fe sincera ha dejado un legado perdurable que sigue influyendo en los debates sobre la fe y la espiritualidad.

El viaje de C.S. Lewis desde el ateísmo hasta convertirse en un cristiano devoto refleja la transformación que puede producirse cuando uno aborda las cuestiones de fe con una mente abierta y la voluntad de comprometerse con ideas y experiencias que desafían las ideas preconcebidas. La historia de la vida de Lewis es un ejemplo convincente de la búsqueda permanente de sentido y del impacto que la fe puede tener en la perspectiva y el propósito de la vida de una persona. Sigamos adelante, descendiendo por las implicaciones del tiempo y la sabiduría.

Capítulo 8: Asegurar el futuro financiero

En el capítulo cinco, se presentó una exploración exhaustiva de la sabiduría financiera. Ahora avanzamos en este discurso, examinando sus posibles implicaciones a largo plazo y su conexión intrínseca con el fomento de un futuro estable y seguro. Exploraremos cómo, a lo largo de los anales de la historia financiera, han surgido numerosas técnicas y estrategias que, empleadas con habilidad, allanan el camino hacia un futuro mejor. Este discurso se basa en una investigación exhaustiva y presenta vías para fortalecer el futuro financiero.

Racionalizar la sabiduría financiera:

La sabiduría financiera no consiste sólo en saber dónde poner el dinero. Se trata de comprender el panorama general, de prever posibles retos y de tomar decisiones con conocimiento de causa que le beneficien a largo plazo. En esta sección vamos a analizar más detenidamente la importancia de planificar con antelación. Considérelo como dotarse de las herramientas y los conocimientos necesarios para recorrer el camino financiero de la vida con mayor eficacia.

Planificar el futuro es una parte vital de la vida humana. Actúa como una guía que ayuda a las personas a alcanzar sus objetivos y aspiraciones, como una brújula que dirige a las personas hacia sus destinos deseados. En esta sección se analizará la importancia de la planificación del futuro, explorando cómo influye en las dimensiones personal, profesional y social de un individuo. En esencia, la planificación del futuro consiste en fijar objetivos y trazar un rumbo para alcanzarlos. Es un proceso que implica prever un estado futuro deseado y organizar estratégicamente las acciones, los recursos y el tiempo de cada uno para hacer realidad esa visión. Esta previsión diferencia a los humanos de otras especies, ya que nos permite forjar nuestro destino deliberadamente.

La planificación del futuro es especialmente importante para el desarrollo personal. Permite a las personas identificar sus puntos fuertes y débiles, sus pasiones y sus valores, lo que les permite tomar decisiones informadas sobre su educación, su carrera y sus opciones vitales. Sin un plan, uno puede ir a la deriva por la vida, perdiendo oportunidades y sin alcanzar todo su potencial. Por el contrario, con un plan bien elaborado, las personas pueden establecer hitos específicos y trabajar para superarse, lo que conduce a una vida más satisfactoria y llena de sentido.

La planificación eficaz del futuro es un elemento clave del éxito en cualquier profesión. Los empresarios, las organizaciones y las empresas diseñan cuidadosamente estrategias para adaptarse a los mercados cambiantes, aprovechar la innovación y mantener la competitividad. Este pensamiento estratégico no sólo les ayuda a prosperar, sino que también fomenta el crecimiento económico y la creación de empleo, beneficiando en última instancia a toda la sociedad.

A mayor escala, la planificación del futuro desempeña un papel fundamental a la hora de afrontar los retos mundiales. Los gobiernos deben planificar el desarrollo de infraestructuras, la sanidad, la educación y la sostenibilidad medioambiental para garantizar el bienestar de sus ciudadanos y de las generaciones futuras. La cooperación internacional y la diplomacia también dependen en gran medida de la planificación para promover la paz, la estabilidad y el progreso mundial.

La planificación de futuro fomenta la resiliencia ante la incertidumbre. Capacita a individuos y organizaciones para anticipar y mitigar riesgos en inversiones financieras, preparación ante catástrofes o estrategias sanitarias. La planificación de contingencias garantiza que los contratiempos no se conviertan en obstáculos insuperables. En esencia, la planificación del futuro es el puente entre los sueños y la realidad. Capacita a las personas para transformar sus aspiraciones en acciones concretas, lo que les permite vivir con un propósito y contribuir positivamente a la sociedad. Fomenta la adaptabilidad y la resistencia, cualidades esenciales en un mundo marcado por el cambio rápido y la incertidumbre.

Nunca se insistirá lo suficiente en la importancia de la planificación del futuro, como ya he mencionado en múltiples ocasiones. Es el proyecto para el crecimiento personal, el éxito profesional y el progreso de la sociedad. Sin ella, los individuos y las sociedades van a la deriva, sin rumbo ni propósito. Con ella, tenemos las herramientas para forjar un futuro más brillante y prometedor para nosotros y para las generaciones venideras.

Seguridad generacional:

El concepto de riqueza generacional está cobrando importancia hoy en día. No se trata sólo de acumular dinero, sino también de crear un futuro financieramente seguro para uno mismo y su familia para las generaciones venideras. Alcanzar este objetivo requiere una planificación cuidadosa, una toma de decisiones responsable y un profundo compromiso para garantizar el bienestar de la familia y los descendientes. En esta sección, exploraremos los diversos aspectos de esta importante empresa.

Para construir un futuro financieramente seguro, es esencial tener una sólida base de conocimientos financieros. Comprender los principios fundamentales del presupuesto, el ahorro, la inversión y la gestión de la deuda es crucial para la creación de riqueza a largo plazo. La educación financiera dota a las personas de los conocimientos necesarios para tomar decisiones informadas sobre su dinero, lo que conduce a la estabilidad y el crecimiento financieros. Como ya he mencionado antes, tener conocimientos sobre algo nunca te perjudicará. Una planificación financiera prudente se extiende al establecimiento de objetivos financieros claros. Estos objetivos sirven como faros, guiando los esfuerzos de uno en la dirección correcta. Ya sea ahorrar para la educación de un hijo, comprar una casa o jubilarse cómodamente, unos objetivos bien definidos proporcionan motivación y estructura a la planificación financiera.

Las estrategias de inversión desempeñan un papel fundamental en la acumulación de riqueza. Diversificar las inversiones entre distintas clases de activos, como acciones, bonos, bienes inmuebles y fondos de inversión, puede ayudar a mitigar los riesgos y optimizar los beneficios. La paciencia también es una virtud a la hora de invertir; el interés compuesto a lo largo del tiempo puede producir ganancias sustanciales, proporcionando una base financiera sólida.

Otro aspecto crucial para asegurar el futuro financiero es la gestión del riesgo. Esto incluye disponer de una cobertura de seguro adecuada para protegerse de imprevistos como enfermedades, accidentes o catástrofes naturales. La gestión del riesgo garantiza que los contratiempos inesperados no hagan descarrilar los objetivos financieros a largo plazo.

La planificación del patrimonio es un paso fundamental en la transmisión de la riqueza generacional. Implica estructurar cuidadosamente los activos, como testamentos, fideicomisos y designación de beneficiarios, para garantizar una transferencia fluida y equitativa del patrimonio a los herederos. La planificación patrimonial no sólo ayuda a minimizar los impuestos, sino que también preserva el patrimonio familiar para las generaciones futuras.

Más allá de los aspectos técnicos de la planificación financiera, es primordial inculcar valores financieros a la familia. Enseñar a los hijos a administrar el dinero, ahorrar y adoptar hábitos de gasto responsables garantiza que estén bien preparados para gestionar el patrimonio que se les transmita. Este conocimiento les prepara para tomar decisiones financieras sensatas y continuar el legado de seguridad financiera.

El concepto de riqueza generacional no se refiere únicamente al dinero, sino también a los valores y principios asociados a él. Las familias que transmiten sabiduría, ética laboral y sentido de la responsabilidad junto con sus activos financieros crean un legado que va mucho más allá de los dólares y los céntimos.

Crear un futuro financieramente seguro y transmitir la riqueza generacional es una tarea polifacética que requiere una planificación cuidadosa, educación y orientación basada en valores. Abarca la educación financiera, el establecimiento de objetivos, la inversión prudente, la gestión de riesgos y la planificación patrimonial. En última instancia, no se trata sólo de acumular riqueza, sino también de alimentar un legado de estabilidad financiera, responsabilidad y prosperidad para las generaciones futuras.

Planificación de la jubilación:

Todo el mundo tiene que jubilarse en algún momento de su vida. La jubilación significa que has llegado a un punto de tu vida en el que un trabajo exigente sencillamente no es lo bastante viable debido al desgaste que te produce el paso del tiempo. Pero no puede decidir de repente un día que quiere jubilarse o que simplemente no puede trabajar más.

Por eso hay que planificar meticulosamente la idea de jubilarse. Según mi experiencia, cuanto antes se planifique, mejor saldrán las cosas. Planificar la jubilación con antelación es un enfoque prudente y responsable que puede influir significativamente en la calidad de vida durante los años dorados. He recopilado una lista que explora los beneficios asociados a la planificación de la jubilación anticipada, haciendo hincapié en la importancia de esta etapa esencial de la vida. Aunque debo subrayar una vez más que no soy un profesional financiero, se trata de estrategias que parecen viables para casi todo el mundo. A continuación, comparto esta lista con ustedes:

Prestaciones por jubilación anticipada:

Quizá la ventaja más obvia de planificar la jubilación anticipada sea la seguridad financiera.

Ahorrando e invirtiendo sabiamente durante los años de trabajo, los jubilados pueden acumular unos ahorros considerables que les proporcionen unos ingresos confortables durante la jubilación. Este colchón financiero permite a los jubilados mantener el estilo de vida que desean sin el estrés de la incertidumbre financiera.

Interés compuesto:

Una planificación eficaz de la jubilación implica empezar a ahorrar pronto y aprovechar el poder del interés compuesto. El interés compuesto es el interés devengado por la cantidad inicial de dinero ahorrado, así como el interés devengado por el interés ya acumulado. Si se empieza a ahorrar pronto, se dispone de más tiempo para acumular riqueza gracias al interés compuesto, incluso con aportaciones modestas. Con el tiempo, estos rendimientos pueden aumentar significativamente, dando lugar a una importante acumulación de riqueza. Por lo tanto, es crucial empezar a ahorrar para la jubilación lo antes posible para disfrutar de todas las ventajas del interés compuesto.

Edad de jubilación flexible:

No todo el mundo puede permitirse el lujo de elegir el momento de su jubilación. Tal es la cruel verdad del mundo. El motivo de la jubilación puede variar de un caso a otro, pero es imprescindible estar preparado para esa posibilidad. La planificación de la jubilación anticipada ofrece la flexibilidad de elegir cuándo jubilarse. Si alguien quiere jubilarse a los 50, a los 60 o incluso antes, una planificación cuidadosa puede hacer que estas opciones sean factibles, proporcionando la libertad de disfrutar de la vida a su manera.

Ventajas fiscales:

Diversas cuentas de jubilación, como las 401(k)s y las IRA, ofrecen ventajas fiscales que pueden reducir la carga impositiva total durante los años de trabajo y en la jubilación. Estos incentivos pueden impulsar el ahorro y preservar el patrimonio. Si recuerda bien, en el capítulo 5 exploré la posibilidad de una cuenta IRA Roth. Vuelvo a hacer un breve resumen:

Una cuenta IRA Roth es una cuenta de jubilación que proporciona crecimiento y retiros libres de impuestos durante la jubilación. Puede retirar su dinero libre de impuestos cuando tenga 59½ años o más y haya sido titular de la cuenta durante cinco años.

Tranquilidad:

Volvemos una vez más al tema de vivir una vida plena. Personalmente, creo que una vida plena no puede lograrse sin tranquilidad, y según mi experiencia, saber que la jubilación es segura desde el punto de vista financiero aporta tranquilidad. Los jubilados pueden disfrutar de sus años de ocio sin la preocupación constante de quedarse sin dinero, lo que conduce a una jubilación más feliz y saludable. Ahora bien, todo esto es evidente: Hay algunos inconvenientes que tendrá que tener en cuenta cuando se comprometa a planificar su jubilación anticipada. Todas las cosas en la vida tienen un coste, y ésta no es una excepción:

Sacrificios de la jubilación anticipada:

Gratificación retardada:

Todos deseamos disfrutar al máximo de los años dorados de nuestra vida. Yo, desde luego, no soy diferente en este caso, pero he visto que hay que repartir muy equitativamente este disfrute. La planificación de la jubilación anticipada suele requerir que las personas retrasen la gratificación inmediata. Mientras se ahorra para el futuro, algunos pueden tener que renunciar a ciertos lujos o experiencias en el presente, lo que puede suponer un reto para quienes dan prioridad a la gratificación inmediata.

Incertidumbre económica:

La economía puede ser muy impredecible, con caídas del mercado o emergencias financieras inesperadas que pueden hacer descarrilar los planes de jubilación. Por eso es esencial disponer de una red de seguridad financiera para mitigar los riesgos y adaptarse a las circunstancias cambiantes. Ahorrar regularmente, invertir con prudencia y trabajar con un asesor financiero pueden ayudarle a estar preparado para cualquier desafío económico que pueda surgir y a mantener sus planes de jubilación incluso ante la adversidad.

Costes sanitarios:

Es importante tener en cuenta que los gastos sanitarios tienden a aumentar con la edad, sobre todo en el caso de los jubilados. Dado que la jubilación puede durar varias décadas, es fundamental planificar la posibilidad de necesitar cuidados a largo plazo. Esto incluye no sólo garantizar una cobertura de seguro médico adecuada, sino también considerar opciones como un seguro de cuidados a largo plazo o reservar fondos para posibles gastos sanitarios. Tomar estas medidas puede ayudar a los jubilados a evitar tensiones financieras y garantizar que puedan recibir los cuidados que necesitan a medida que envejecen.

Inflación:

Los ahorros para la jubilación pueden perder valor con el tiempo debido a la inflación, lo que puede afectar significativamente al poder adquisitivo de los jubilados. Para mitigar este efecto, los prejubilados deben invertir en activos que generen rendimientos superiores a la inflación. Estos activos pueden incluir acciones, bienes inmuebles y materias primas. Al invertir en estos activos, los jubilados pueden asegurarse de que sus ahorros crezcan a un ritmo que iguale o supere la tasa de inflación, lo que les ayuda a mantener su nivel de vida y su independencia financiera. Por lo tanto, es importante que los jubilados estudien detenidamente su estrategia de inversión y busquen asesoramiento profesional que les ayude a tomar decisiones con conocimiento de causa.

Riesgo de longevidad:

A medida que avanzan la sanidad y la tecnología, la gente vive más años que nunca. Aunque se trata de una gran noticia para la longevidad y la calidad de vida, también plantea nuevos retos a la hora de planificar la jubilación. Dado que los fondos de jubilación deben durar más tiempo, es importante que los prejubilados sean especialmente precavidos para no sobrevivir a sus ahorros. Para ello es necesario planificar y presupuestar cuidadosamente, teniendo en cuenta los posibles costes sanitarios, la inflación y otros factores que podrían afectar a la estabilidad financiera durante la jubilación. Las personas pueden garantizar un futuro cómodo y seguro para sí mismas y sus seres queridos siendo diligentes y proactivas en la planificación de su jubilación.

Planificar la jubilación con antelación ofrece numerosas ventajas, como seguridad financiera, flexibilidad y tranquilidad. Sin embargo, también implica contrapartidas y posibles contratiempos. No obstante, con una cuidadosa consideración, una gestión financiera prudente y la orientación de profesionales financieros, las personas pueden superar estos retos y disfrutar de una jubilación satisfactoria. La planificación de la jubilación anticipada es una inversión en el bienestar futuro, que permite disfrutar de una jubilación cómoda y agradable.

El valor de la planificación financiera:

Gestionar las finanzas es un componente esencial para llevar una vida plena. La planificación financiera permite a las personas controlar sus recursos, planificar el futuro y alcanzar sus aspiraciones. Cuando las personas del círculo social y familiar de una persona participan en la planificación financiera, se fomenta un sentimiento de estabilidad y bienestar financieros compartidos.

La planificación financiera abarca varios elementos: presupuestar, ahorrar, invertir y establecer objetivos financieros. Sirve de guía para hacer realidad los sueños y esperanzas de cada uno, ya sea comprar una casa, cursar estudios superiores, jubilarse cómodamente o alcanzar la independencia económica. Una planificación financiera eficaz prepara a las personas para hacer frente a circunstancias imprevisibles, como emergencias o recesiones económicas. Además, fomenta hábitos financieros responsables que contribuyen a la prosperidad personal y familiar.

Un tema concreto que me gustaría explorar ahora es el de la difusión de la sabiduría financiera entre las personas de su ecosfera. Obviamente, uno querría que sus seres queridos prosperaran igual que lo han hecho ellos, así que he preparado una lista de comprobación cohesiva para que la emplees en tu vida si deseas ayudar a los demás:

Fomentar la planificación financiera:

Predicar con el ejemplo: Cuando se trata de inspirar a otros para que se comprometan con la planificación financiera, predicar con el ejemplo puede ser el enfoque más eficaz. Demostrar hábitos financieros responsables, como la creación de un presupuesto, el ahorro y la inversión, puede ser una poderosa motivación para sus amigos y familiares. Por ejemplo, puedes compartir tu experiencia personal en la gestión de tus finanzas, los retos a los que te enfrentaste y cómo los superaste. También puede dar consejos prácticos y trucos que le hayan funcionado, como crear un plan de ahorro o gestionar sus deudas. De este modo, puedes animar a otros a tomar las riendas de sus finanzas y ayudarles a alcanzar sus objetivos financieros.

Utilizar la tecnología: En el acelerado mundo actual, gestionar las finanzas puede ser una tarea difícil, especialmente para las personas con un estilo de vida ajetreado. Sin embargo, con la llegada de las aplicaciones y herramientas de planificación financiera, la elaboración de presupuestos, el seguimiento de los gastos y la supervisión del progreso hacia los objetivos financieros son ahora más fáciles que nunca. Estas herramientas fáciles de usar están diseñadas para simplificar la gestión financiera y hacerla más accesible y atractiva para todos. En mi experiencia personal, el uso de aplicaciones de planificación financiera ha cambiado las reglas del juego. Estas aplicaciones te ayudan a compartimentar tus tareas diarias y te ahorran un tiempo precioso. Puedes establecer fácilmente un presupuesto, hacer un seguimiento de tus gastos y controlar tu progreso hacia los objetivos financieros. Las aplicaciones también ofrecen información y recomendaciones valiosas para ayudarle a tomar mejores decisiones financieras.

Al fomentar el uso de aplicaciones y herramientas de planificación financiera, podemos ayudar a las personas a tomar el control de sus finanzas y alcanzar sus objetivos financieros con mayor eficacia. Estas herramientas son imprescindibles para cualquiera que desee gestionar sus finanzas de forma eficiente y sin esfuerzo.

Hacer hincapié en los beneficios a largo plazo: Adentrarse en el ámbito de la planificación financiera es una empresa que ofrece recompensas sustanciales que se extienden mucho en el futuro. Este meticuloso proceso va más allá de la simple elaboración de un presupuesto; se trata de construir una estrategia global que establezca los peldaños hacia el bienestar financiero y la realización personal. En el centro de este planteamiento se encuentra el considerable alivio del estrés. Saber que cada dólar está contabilizado y que las deudas, los ahorros y las inversiones se gestionan con intención aporta una profunda sensación de calma. Es el equivalente financiero de la limpieza: un plan financiero ordenado puede aportar la misma tranquilidad que una casa limpia y organizada. Un plan financiero bien estructurado refuerza las defensas económicas. Crea un colchón contra los gastos imprevistos, garantizando que las emergencias puedan capearse sin descarrilar la propia estabilidad financiera. Con un plan sólido, la jubilación puede convertirse en un periodo de comodidad más que de preocupación, y las emergencias financieras pasan de ser desastres potenciales a inconvenientes manejables. Quizá lo más convincente sea el modo en que la planificación financiera abre las puertas a las aspiraciones personales. Ya se trate de poseer una casa, viajar por el mundo, financiar la educación o poner en marcha un negocio, un plan financiero estratégico actúa como un anteproyecto que traza el camino para hacer realidad esos sueños. Prioriza los objetivos, esboza los pasos necesarios para alcanzarlos y establece un calendario para el éxito, convirtiendo así sueños nebulosos en objetivos alcanzables. Al participar activamente en la planificación financiera, las personas toman las riendas de su narrativa fiscal y la dirigen hacia el futuro que desean. Es un proceso que exige disciplina y previsión, pero promete una sensación de autonomía. Con cada decisión financiera alineada con los objetivos vitales más amplios, el camino hacia esas aspiraciones se vuelve más claro y directo.

Las repercusiones de un plan financiero sólido van mucho más allá de la cuenta bancaria. Puede significar una mejor educación para los hijos, más oportunidades de ocio y crecimiento personal, e incluso un legado que se extiende al ámbito filantrópico. En esencia, la práctica diligente de la planificación financiera puede redefinir la trayectoria vital de una persona, proporcionándole un marco en el que puedan florecer y, en última instancia, alcanzarse sus objetivos vitales más preciados.

Reflexión financiera: Adoptar una mentalidad centrada en el presupuesto es un poderoso paso hacia la estabilidad financiera. Empiece por concederse el espacio necesario para evaluar abiertamente su situación financiera. Reflexione sobre sus hábitos de gasto, sus gastos y sus ingresos sin juzgarse: este diálogo consigo mismo es crucial para comprender su salud financiera.

Anímese a explorar diversas estrategias que puedan optimizar su presupuesto. Esto podría incluir la búsqueda de recursos de gestión financiera o herramientas diseñadas para mejorar el ahorro y la eficiencia del gasto. Considere la posibilidad de establecer objetivos financieros específicos y realistas que se ajusten a sus aspiraciones personales y a su estilo de vida.

Al reconocer el valor de la autosuficiencia en los asuntos financieros, se capacita para tomar las riendas de su bienestar económico. Asegúrese de que es perfectamente aceptable buscar conocimientos y que cada paso hacia la alfabetización fiscal es un progreso. Con paciencia y dedicación, navegarás a través de tu viaje financiero con un sentido de agencia y confianza.

La planificación financiera es la piedra angular del bienestar personal y familiar. Animar a otras personas de su ecosfera a participar en la planificación financiera puede conducir a objetivos financieros compartidos, a una mayor cultura financiera y a una sensación colectiva de seguridad financiera. Predicando con el ejemplo, fomentando el diálogo abierto y proporcionando recursos y apoyo, puede inspirar a los que le rodean en su viaje hacia la planificación financiera, lo que en última instancia conducirá a una mayor tranquilidad financiera para todos. Al embarcarse en el viaje de la planificación financiera, la clave es empezar sin demora. El primer paso, y quizá el más importante, es evaluar la situación financiera actual.

Esto incluye analizar detenidamente los ingresos, las deudas, los gastos y los ahorros, y hacer números con honestidad y claridad. Reconocer la situación financiera es la base sobre la que se construye un plan sólido. Una vez establecidas las bases de la comprensión, la siguiente fase consiste en fijar objetivos claros y alcanzables. Pueden ser objetivos a corto plazo, como ahorrar para las vacaciones, o a largo plazo, como la jubilación. El acto de fijar objetivos es similar a establecer el destino en una aplicación de navegación; proporciona dirección y propósito al viaje que tenemos por delante. Una vez fijados los objetivos, elaborar un presupuesto se convierte en el vehículo para alcanzarlos. Un presupuesto es una herramienta dinámica que no se limita a controlar el gasto. Asigna recursos a distintas prioridades, garantizando que se cubra lo esencial mientras se avanza poco a poco en las ambiciones a largo plazo. Esto puede implicar recortar gastos no esenciales o encontrar formas de aumentar los ingresos, todo ello con el objetivo de crear un superávit que se canalice hacia el ahorro y la inversión.

La inversión es donde el plan cobra impulso. Ya sea a través de planes de jubilación patrocinados por la empresa, inversiones en bolsa u otros vehículos, la idea es poner el dinero a trabajar. Nunca se insistirá lo suficiente en el poder del interés compuesto a lo largo del tiempo: incluso pequeñas cantidades invertidas con regularidad pueden crecer significativamente, gracias al efecto de bola de nieve en el que las ganancias generan más ganancias.

A medida que avance el plan, es importante comprobarlo periódicamente y hacer ajustes. La vida no es estática, y un plan financiero tampoco debería serlo. Un cambio en los ingresos, un gasto inesperado o un cambio en los objetivos financieros justifican una revisión y una posible recalibración del plan. Estas revisiones periódicas son las puestas a punto que garantizan que el plan financiero siga respondiendo a las necesidades cambiantes de la persona.

Paralelamente a la supervisión y el ajuste del plan, también es vital informarse sobre la salud financiera. El conocimiento de las cuestiones financieras, desde las leyes fiscales hasta las estrategias de inversión, es un activo poderoso. Dota a una persona de la capacidad de tomar decisiones con conocimiento de causa y puede proporcionarle la confianza necesaria para aprovechar las oportunidades que se alineen con sus objetivos financieros. A lo largo de este viaje, la paciencia es una virtud. Crear riqueza o alcanzar la estabilidad financiera no se consigue de la noche a la mañana, sino que es el resultado de acciones constantes y deliberadas a lo largo del tiempo. Mantener el rumbo, incluso cuando los resultados inmediatos parecen difíciles de alcanzar, suele conducir a los resultados más gratificantes. Iniciar un plan financiero es tomar firmemente las riendas del propio futuro financiero. Se trata de tomar las decisiones de hoy con la vista puesta en los beneficios de mañana. Los pasos que uno da, por pequeños que sean, inician un proceso transformador. A través de una participación regular y un compromiso con la propia salud financiera, el viaje de la planificación financiera puede ser una aventura gratificante, que en última instancia conduzca a un futuro en el que la seguridad financiera y la realización de los sueños personales vayan de la mano.

Navegar y mitigar el tiempo:

La vida es un don precioso y finito y, sin embargo, rara vez sabemos cuánto tiempo nos queda en la Tierra. La incertidumbre de los días que nos quedan debería servirnos de poderoso recordatorio de que cada momento tiene un valor incalculable, motivándonos para aprovechar al máximo nuestro tiempo y crearnos un futuro seguro. Deseo ahondar en la importancia de vivir con un propósito y planificar el futuro, independientemente de la incertidumbre de lo que nos queda de vida.

Seré totalmente sincero con ustedes. La verdad es que ninguno de nosotros puede predecir el número de días, meses o años que nos quedan en este mundo. Aunque esta incertidumbre puede infundir miedo o ansiedad, debería inspirarnos a vivir con un sentido de urgencia. Reconocer la impermanencia de la vida nos impulsa a dar prioridad a lo que realmente importa, a perseguir nuestras pasiones y a crear vínculos significativos con los demás. Esta conciencia de la fragilidad de la vida nos obliga a planificar un futuro seguro. Comprendemos que el tiempo es un recurso limitado y que dejarlo para más tarde puede llevarnos a perder oportunidades y a lamentarnos. La seguridad financiera, en particular, es primordial, ya que proporciona una red de seguridad para lo inesperado y una base para realizar nuestros sueños.

La planificación financiera implica fijar objetivos claros, elaborar un presupuesto inteligente y ahorrar con diligencia. Nos obliga a tener en cuenta no sólo nuestras necesidades inmediatas, sino también nuestras aspiraciones a largo plazo, como la jubilación, la educación o la propiedad de la vivienda. Al planificar con antelación, nos aseguramos de estar preparados para afrontar las incertidumbres de la vida con resistencia y confianza.

Crear un futuro seguro va más allá de las finanzas. Abarca nuestro bienestar físico y mental, un tema que exploraré más adelante, nuestras relaciones y nuestro crecimiento personal. Nos exige dar prioridad a la salud, cultivar vínculos significativos con los seres queridos e invertir continuamente en la mejora personal.

Vivir con un propósito y planificar el futuro no consiste en obsesionarse con la mortalidad, sino en abrazar la belleza de la vida y sus infinitas posibilidades. Se trata de apreciar el momento presente al tiempo que se toman medidas proactivas para garantizar un mañana mejor. Se trata de hacer realidad nuestros sueños, no de esperar a un momento más oportuno que quizá nunca llegue.

La incertidumbre del tiempo que nos queda en la Tierra debería servir de poderoso catalizador para vivir con intención y crear un futuro seguro. Aceptar la impermanencia de la vida nos obliga a aprovechar al máximo cada momento, perseguir nuestros sueños y dar prioridad al bienestar económico y personal. Al hacerlo, honramos el don de la vida y nos aseguramos de que nuestro tiempo en este planeta se emplea con sentido y propósito, dejando un legado que perdurará mucho después de que nos hayamos ido.

Autoevaluación:

Este fue un punto de mejora que me encontré muy necesitado. Imagínatelo como un acto de equilibrio constante, en el que debes mantenerte constantemente a la altura de las circunstancias siempre cambiantes de tu vida.

Cuando se trata de una planificación financiera responsable, es vital evaluar tu estilo de vida y tus necesidades financieras. Esto implica examinar de cerca su situación actual y tomar decisiones informadas sobre su futuro. Al examinar sus circunstancias, puede darse cuenta de que necesita más tiempo para construir un futuro financieramente seguro.

A medida que avanzamos en la vida, nuestras circunstancias, objetivos y prioridades cambian. Es importante evaluar periódicamente si nuestro estilo de vida actual y nuestras elecciones financieras se ajustan a nuestras necesidades y objetivos a largo plazo. Este proceso puede ser a la vez humillante y fortalecedor, ya que nos ayuda a entender si tenemos tiempo suficiente para asegurar un futuro financieramente estable.

Para realizar una evaluación exhaustiva de su estilo de vida, debe establecer unos objetivos financieros claros. ¿Qué espera conseguir a corto y largo plazo? Estos objetivos pueden incluir la compra de una casa, el pago de sus estudios, la planificación de la jubilación o el logro de la independencia financiera. Al establecer objetivos específicos, podrá tener más claro lo que quiere conseguir. Otra consideración crucial son sus hábitos de gasto actuales. ¿Vive dentro de sus posibilidades o gasta más de la cuenta? El examen de sus gastos puede revelar áreas en las que tal vez necesite ajustar su estilo de vida para alinearlo con sus objetivos financieros. Estos cambios pueden ser difíciles, ya que pueden exigirle sacrificar la gratificación inmediata por la seguridad futura. Evaluar su estilo de vida puede revelar que el tiempo no está de su lado cuando se trata de construir un futuro financieramente seguro. Por ejemplo, si se está acercando a la edad de jubilación y no ha ahorrado lo suficiente, ponerse al día puede ser muy difícil. En estos casos, es importante explorar estrategias alternativas, como trabajar más tiempo, reducir la plantilla o buscar asesoramiento financiero profesional para aprovechar al máximo el tiempo que le queda.

Sin embargo, es importante recordar que siempre merece la pena actuar, aunque creas que no tienes tiempo suficiente. Cada paso hacia la seguridad financiera cuenta, independientemente de cuándo empiece.

Pequeños cambios hoy pueden tener un impacto significativo en su futuro. La seguridad financiera no consiste sólo en acumular riqueza, sino también en gestionar los recursos con prudencia y vivir dentro de los límites de las posibilidades. Evaluar su estilo de vida y sus necesidades financieras es un paso fundamental en la planificación financiera responsable. Le permite alinear sus objetivos con sus circunstancias actuales y tomar decisiones informadas sobre su futuro. Aunque se enfrente a problemas o limitaciones de tiempo, nunca es demasiado tarde para dar pasos hacia la seguridad financiera. El camino hacia el bienestar financiero comienza con el conocimiento de uno mismo y el compromiso de aprovechar al máximo los recursos y el tiempo de que se dispone.

Alcanzar la seguridad:

Todos los temas que hemos tratado hasta ahora llevan a una conclusión: Hay que conseguir un futuro financieramente seguro. Asegurarse un futuro financieramente sólido es una empresa polifacética que va más allá del mero ahorro de dinero y las inversiones sensatas. Implica un enfoque que abarca varias prácticas, una de las más cruciales es preservar la buena salud. Es algo que he descubierto recientemente. El vínculo entre la salud y la seguridad financiera es mucho más fuerte de lo que se cree. A continuación, exploraremos la relación simbiótica entre salud y seguridad financiera, arrojando luz sobre la importancia de un estilo de vida equilibrado y consciente. La seguridad financiera es un objetivo compartido por muchos, pero es importante reconocer que uno no puede disfrutar plenamente de los frutos de su trabajo con una mala salud. La salud suele ser la base sobre la que se construyen todos los demás aspectos de la vida, incluido el bienestar financiero. He aquí algunas prácticas clave que contribuyen a asegurar un futuro financieramente sólido:

Dar prioridad a la salud y el bienestar:

Mantener una buena salud no es una tarea puntual, sino un proceso continuo al que hay que dar prioridad. Implica una combinación de varios factores, como hacer ejercicio con regularidad, seguir una dieta equilibrada, dormir lo suficiente y gestionar eficazmente el estrés. Realizar actividades físicas como correr, nadar o montar en bicicleta favorece la forma física y libera endorfinas, que ayudan a mejorar el estado de ánimo y a reducir los niveles de ansiedad. Una dieta equilibrada a base de alimentos nutritivos como frutas, verduras, cereales integrales, proteínas magras y grasas saludables proporciona al organismo los nutrientes necesarios para funcionar de forma óptima. Dormir lo suficiente es vital para mantener la mente y el cuerpo frescos y con energía. El estrés es un factor común que afecta a la salud mental y física. Las técnicas de gestión del estrés como la meditación, el yoga o los ejercicios de respiración profunda pueden ayudar a reducir los niveles de estrés, promover la relajación y mejorar el bienestar general. Al invertir en su salud a través de estas opciones de estilo de vida, puede reducir el riesgo de costosos gastos médicos en el futuro, lo que puede suponer una importante carga para sus recursos financieros.

Seguro de enfermedad:

A la hora de planificar nuestras finanzas, es importante tener en cuenta la importancia de contar con una cobertura de seguro médico suficiente. No sólo proporciona protección financiera, sino que también garantiza el acceso a los servicios sanitarios esenciales en caso de urgencia médica o de un problema de salud de larga duración. Esto puede evitarnos incurrir en cuantiosos gastos médicos y evitar que nuestros activos financieros, ganados con tanto esfuerzo, se agoten debido a costes sanitarios imprevistos.

Cuidados preventivos:

Tomar medidas proactivas para mantener su salud es crucial para evitar que los posibles problemas de salud se agraven y sean más costosos de tratar. Esto incluye revisiones periódicas, pruebas de detección y recibir las vacunas necesarias. Al dar prioridad a la atención preventiva, usted garantiza su bienestar físico y mental y contribuye a controlar los gastos sanitarios a largo plazo.

Mantener el equilibrio entre la vida laboral y personal:

En el acelerado mundo actual, es fácil dejarse llevar por el ajetreo y el bullicio del trabajo, lo que a menudo se traduce en largas jornadas laborales y estrés crónico. Por desgracia, esto puede tener efectos perjudiciales para la salud, tanto física como mental.

Por lo tanto, esforzarse por lograr un equilibrio saludable entre la vida laboral y personal es importante para reducir los niveles de estrés, evitar el agotamiento y garantizar el bienestar general. Mantener una vida equilibrada significa prestar la misma atención a la vida personal que a la profesional. Es importante dedicar tiempo a actividades de ocio, aficiones y a socializar con amigos y familiares.

Además, dormir lo suficiente, hacer ejercicio con regularidad y seguir una dieta sana pueden contribuir en gran medida a mantener un estilo de vida saludable. Si se esfuerza por lograr un equilibrio saludable entre la vida laboral y personal, podrá disfrutar de los beneficios del éxito financiero sin sacrificar su salud. Recuerda, ¡cuidar de ti mismo debe ser siempre una prioridad!

Fondo de emergencia:

Crear un fondo de emergencia es un hábito financiero crucial que todo el mundo debería adoptar. Nunca se insistirá lo suficiente en la importancia de ahorrar para gastos imprevistos, como las urgencias médicas. De hecho, tener un fondo para emergencias puede ser la diferencia entre evitar las deudas y caer en ellas o entre cumplir sus objetivos financieros y descarrilarlos. Reservando regularmente dinero para emergencias, puede estar mejor preparado para hacer frente a circunstancias imprevistas sin comprometer su estabilidad financiera ni sus aspiraciones a largo plazo. Por lo tanto, independientemente de su nivel de ingresos o de su situación financiera, asegúrese de dar prioridad a la creación de un fondo para emergencias como parte esencial de su plan financiero general.

Planificación de la asistencia a largo plazo:

A medida que envejecemos, aumenta la probabilidad de necesitar cuidados de larga duración. En tal caso, planificar con antelación mediante un seguro de dependencia u otros mecanismos puede proporcionarnos una sensación de seguridad y garantizar que disponemos de los recursos necesarios para mantener nuestra calidad de vida sin agotar nuestros ahorros. Las pólizas de seguro de dependencia suelen cubrir una serie de servicios, incluida la asistencia en actividades cotidianas como bañarse, vestirse y comer, y también pueden cubrir la asistencia sanitaria a domicilio o los cuidados en una residencia. Es importante considerar detenidamente las opciones y elegir una póliza que se ajuste a nuestras necesidades específicas y a nuestro presupuesto. Tomando medidas proactivas para planificar los cuidados de larga duración, podemos asegurarnos de que estamos bien preparados para cualquier posible reto que pueda surgir en el futuro.

Seguro de invalidez:

El seguro de invalidez es un tipo de cobertura que proporciona apoyo financiero si no puede trabajar debido a una enfermedad o lesión grave. Este tipo de seguro puede ser increíblemente valioso, ya que puede ayudarle a mantener su estabilidad financiera y cubrir sus gastos de manutención en tiempos difíciles. Las pólizas de seguro de incapacidad pueden variar en términos de cobertura, por lo que es importante revisar cuidadosamente sus opciones y elegir una póliza que se ajuste a sus necesidades y presupuesto. Algunas pólizas pueden cubrir incapacidades a corto plazo, mientras que otras pueden ofrecer cobertura a largo plazo. Además, el importe de la cobertura que reciba dependerá de varios factores, como su profesión, sus ingresos y su estado de salud. En general, el seguro de incapacidad es una inversión importante a tener en cuenta, ya que puede proporcionarle tranquilidad y seguridad financiera si no puede trabajar debido a una incapacidad.

Gasto consciente:

El gasto consciente es una práctica financiera que requiere una cuidadosa consideración de los hábitos de gasto. Implica tomar decisiones intencionadas sobre el destino del dinero y dedicar tiempo a diferenciar entre necesidades y deseos.

Gastar de forma consciente también significa alinear tus gastos con tus objetivos y valores financieros, lo que requiere una comprensión clara de dichos objetivos y valores.

Esta práctica puede ayudarte a apreciar mejor el valor del dinero y a tomar mejores decisiones sobre cómo utilizarlo. Si eres consciente de tus gastos, podrás adoptar un enfoque más sostenible y responsable de la gestión de tus finanzas y, en última instancia, lograr una mayor estabilidad y seguridad financieras.

Para terminar, es importante subrayar que la clave para construir un futuro financiero seguro no es sólo acumular riqueza. Se trata también de tomar medidas para mantener una buena salud. Estos dos aspectos de la vida están estrechamente relacionados, y cada uno complementa y refuerza al otro. Por lo tanto, es crucial dar prioridad a su bienestar adoptando prácticas de bienestar, asegurándose una cobertura de seguro adecuada y buscando atención preventiva. De este modo, no sólo protegerá su salud física y mental, sino también su estabilidad financiera. Integrar estas prácticas en su rutina diaria le ayudará a garantizar que los recursos que tanto le ha costado ganar se disfruten en prosperidad y buena salud, creando un futuro satisfactorio y Seguro.

Capítulo 9: Entregarse al mundo

Hemos llegado a la cúspide de lo que deseo transmitir como mensaje en este libro: el concepto de sabiduría generacional y su transmisión a las generaciones futuras. La sabiduría generacional es la culminación de todos los tipos de sabiduría de los que hemos hablado a lo largo de este libro. A medida que nos acercamos al final de este viaje, es importante conocer las diferentes implicaciones que conllevaría la sabiduría generacional.

Se puede deducir que la sabiduría generacional es sinónimo de Legado. Pero surge la pregunta,

La definición de legado

El legado es un concepto intrigante que ha sido una fuerza motriz a lo largo de la historia de la humanidad. Es producto del impacto colectivo de nuestras acciones, valores y contribuciones, que permanecen mucho tiempo después de que nos hayamos ido. El legado es lo que uno deja tras de sí cuando abandona este reino corpóreo. Se erige como una lápida metafórica que dice: "Yo estuve aquí". El legado que dejamos a nuestras futuras generaciones es un subproducto de nuestras acciones, pensamientos y valores que establecimos en vida, actuando como una guía de cómo deseamos que se comporten nuestras futuras generaciones. Pero el legado no se limita a la identidad personal y la herencia familiar. Afecta a varios aspectos de la existencia humana, desde el progreso social y el cambio global hasta la expresión cultural y artística. Es un reflejo de nuestro pasado, da forma a nuestro presente y tiene el potencial de influir en nuestro futuro. La importancia del legado reside en su capacidad de inspirar y motivar a las personas para que actúen de forma que tengan un impacto positivo en la sociedad y en el mundo en general. A través del legado, podemos dejar atrás un impacto duradero que trasciende el tiempo y las generaciones.

Transmitir valores puede compararse a entregar trozos de uno mismo a las generaciones futuras. Estas piezas no son físicas, sino actitudes, creencias y rasgos de carácter que, en conjunto, conforman tu identidad. Cuando transmites valores, estás compartiendo la esencia de lo que eres y lo que representas con los que vienen detrás de ti. A medida que nos acercamos a la conclusión de este libro, nos encontramos en un punto en el que convergen la profunda sabiduría de los valores y el arte del legado. Los capítulos anteriores han sido un viaje a través del complejo laberinto de la vida, repleto de lecciones y reflexiones. Ahora, al reflexionar sobre la importancia de transmitir nuestros valores, nos encontramos con un tesoro de conocimientos y orientación que tiene el potencial de enriquecer nuestra existencia y la de quienes nos sigan.

En su sabiduría atemporal, la equidad nos recuerda que es la base para construir puentes, no barreras. Nos insta a apreciar que el comportamiento ético debe ser nuestra brújula, dirigiendo nuestras actividades no sólo en nuestra infancia, sino a lo largo de toda nuestra vida. La equidad nos exige ser coherentes en nuestro trato a los demás, comprendiendo que cada ser humano desempeña un papel único en el gran drama de la vida y es digno de respeto e igualdad. Sirve para recordarnos que el camino hacia la equidad es un viaje que dura toda la vida y que nos exige esforzarnos siempre por lograr la justicia y la compasión en nuestro trato con los demás. La equidad es una idea en constante evolución a medida que navegamos por el mosaico de la vida, adaptándonos a los diversos paisajes de nuestra existencia. A medida que maduramos, que luchamos con las dificultades del conocimiento y que tendemos la mano a los demás, ofreciéndoles el don de la empatía, la comprensión y la dignidad, se convierte en un espejo que refleja la profundidad de nuestro carácter. Nuestro sentido de la justicia crece a medida que atravesamos los vericuetos de la vida, ilustrando cómo los valores de igualdad y compasión crean nuestro carácter. Es una llamada a la autorreflexión y al progreso permanentes, que nos empuja a mejorar constantemente nuestra comprensión de la justicia en un mundo variado y cambiante.

La justicia es la nota armonizadora que resuena en la sinfonía de la vida, unificando a las personas de una generación a otra. Subraya el hecho de que nuestra humanidad común es un continuo, recordándonos que el legado que creamos está delicadamente tejido con hilos de justicia, que nos unen al pasado, nos anclan en el presente y nos conectan con el futuro. La justicia es una canción atemporal que trasciende el tiempo, mezclando las historias de muchas épocas en una sinfonía unificada y justa que abarca generaciones, instándonos a abrazar estos ideales en nuestra búsqueda constante de una vida pacífica. Nos insta a ver el significado eterno de la justicia y el papel que desempeña en la unificación de las personas a través del tapiz siempre cambiante de la historia.

Tratar a las personas con dignidad es un aspecto

fundamental de la conducta ética y se erige en piedra angular del carácter de cada uno. La dignidad implica reconocer y respetar el valor inherente de cada individuo. Significa reconocer que toda persona, independientemente de su edad, situación socioeconómica o circunstancias, merece ser tratada con respeto y honor. Defender la dignidad de los demás es una afirmación de nuestro compromiso de reconocer la humanidad de todas las personas con las que nos encontramos.

En las interacciones con personas mayores, en particular, preservar su dignidad puede ser de vital importancia. Para algunos, su dignidad puede ser lo único que les quede en este mundo. Tratarles con amabilidad, paciencia y respeto no sólo defiende su dignidad, sino que también refleja positivamente tu carácter. Demuestra que valoras la sabiduría y las experiencias que aportan y que reconoces su importancia. Es un profundo acto de empatía y compasión, que afirma su valía en la vida.

Cuando se trata de personas pobres, sin hogar o con dificultades socioeconómicas, el reconocimiento de la dignidad se convierte en una poderosa fuerza igualadora. Nivela el campo de juego asegurando que cada individuo, independientemente de sus circunstancias, pueda mantener su sentido del orgullo y la autoestima. Al reconocer su dignidad, ayudas a crear un entorno en el que todos son tratados con justicia y equidad, y en el que se defiende su valor inherente. Esto, a su vez, enriquece su carácter y contribuye a una sociedad más compasiva y justa, haciendo que su legado sea aún más significativo.

El acto de compartir es una expresión profunda de nuestra humanidad. Puede manifestarse en una humilde ofrenda, como compartir una migaja de comida, o en el gran gesto de dividir nuestros recursos para un bien mayor. Compartir no es una mera acción utilitaria; es una declaración de nuestro compromiso de forjar conexiones y extender una cuerda de salvamento a los demás. Es el honor de compartir, especialmente cuando no es conveniente, lo que conlleva el significado más profundo. Nosotros, como administradores de este mundo, tenemos el poder de dar forma al universo a través de nuestra generosidad. Nuestras vidas se enriquecen cuando salimos de nuestra zona de confort y nos aseguramos de que prevalezca la reciprocidad. En estos momentos de generosidad, no sólo influimos en la vida de las personas, sino que, cuando lo hacemos a gran escala, creamos ondas de buena voluntad que pueden alterar el paisaje de nuestra existencia. Es en este noble acto de compartir donde realmente brilla nuestro legado.

La familia, ese círculo íntimo de relaciones, ocupa un espacio único e irremplazable en nuestras vidas. Es en el abrazo del amor familiar donde encontramos la encarnación más pura de nuestros valores. La familia es una fuente compleja de confianza, sacrificio y apoyo inquebrantable, tejida intrincadamente a lo largo de nuestras vidas. Las personas que han trabajado diligentemente por nosotros, las que nos cuidan con dedicación inquebrantable, merecen un lugar de máxima importancia en nuestros corazones.

Al alimentar los lazos familiares, no sólo reforzamos los valores que nos definen, sino que también solidificamos nuestro legado. Es a través de estos vínculos como transmitimos la esencia de nuestros principios y el legado que deseamos transmitir. Nuestra familia, en muchos sentidos, es un testimonio vivo de nuestros valores, un reflejo de los ideales que apreciamos. Cuidar de nuestra familia no es sólo un deber; es un privilegio. Fortalece nuestra existencia y fortalece el legado que pretendemos dejar.

Al contemplar el legado que pretendemos crear, también debemos centrarnos en nuestro crecimiento y evolución personales. La búsqueda del conocimiento y el desarrollo personal debe ser un compromiso para toda la vida. A través del aprendizaje continuo y ampliando los límites de nuestra comprensión, llegamos a conocer nuestra propia mente y los valores que guían nuestra vida.

Para ser un líder capaz de efectuar cambios y convertirse en una fuerza que guíe a nuestra familia y a quienes nos rodean, debemos cuestionarnos constantemente si estamos siendo fieles a nosotros mismos. En este viaje continuo de auto-descubrimiento y crecimiento personal, damos forma no sólo a nuestro legado, sino también a la imagen que proyectamos al mundo. A medida que evolucionamos, nuestros valores y los principios que defendemos permanecen en primer plano, guiándonos en los entresijos de la vida.

El legado que dejamos no es simplemente una suma de nuestras posesiones, sino un testimonio de los valores que encarnamos. Es un reflejo de nuestro compromiso con la equidad, nuestra dedicación a compartir, nuestro cuidado de los lazos familiares y nuestra búsqueda incesante del crecimiento personal. Al recorrer este último tramo de nuestro camino, recordemos que nuestro legado no es sólo para nosotros, sino también para todos los que nos sucedan, llevando la antorcha de nuestros valores hacia un futuro incierto.

Los beneficios de los valores fundamentales:

La transmisión de valores de una generación a otra es una tarea esencial. Implica la transmisión de creencias, principios y normas éticas que conforman el carácter y el comportamiento de los individuos de una familia o comunidad. Este proceso no sólo garantiza la continuidad de los valores más preciados, sino que también contribuye al desarrollo moral y ético de la sociedad en su conjunto.

¿Se ha encontrado alguna vez en una situación difícil en la que haya tenido que decidir entre ser una figura autoritaria y un buen oyente? Es una decisión difícil, pero es esencial encontrar un equilibrio entre las dos para mantener la estructura y el orden al tiempo que se fomentan los valores en un entorno. En este debate analizaremos por qué es crucial saber cuándo tomar las riendas y cuándo prestar oídos. Empecemos por profundizar en el papel del autoritarismo. Ser autoritario es como ser el capitán de un barco y dirigirlo hacia su destino. Implica establecer normas y límites y asegurarse de que todo el mundo los cumple. Aunque este rigor puede ser necesario para garantizar que las tareas esenciales se llevan a cabo con eficacia y se mantiene la disciplina, requiere que el líder tenga convicción en sus principios y valores. Un líder fuerte y firme en sus convicciones puede inspirar confianza a quienes dirige.

Por otra parte, escuchar es como ser la brújula que guía al capitán. Fomenta la comunicación abierta, la empatía y la comprensión. Cuando las personas se sienten escuchadas y valoradas, es más probable que cooperen y contribuyan positivamente al entorno. Escuchar permite incorporar perspectivas diversas, lo que puede mejorar la toma de decisiones y la resolución de problemas. La pregunta del millón es: ¿cómo encontrar el equilibrio adecuado? Encontrar el equilibrio entre ser autoritario y saber escuchar es una habilidad que poseen los líderes eficaces. En situaciones en las que se requiere una actuación inmediata y el cumplimiento de las normas, es esencial ser autoritario. Puede ser en situaciones de emergencia, en la toma de decisiones críticas o cuando mantener el orden es primordial. Por otra parte, cuando el objetivo es cultivar valores y fomentar la colaboración, es crucial saber escuchar. Permite a los líderes comprender las necesidades, preocupaciones y aspiraciones de quienes dirigen, lo que conduce a un entorno más armonioso e integrador.

Es esencial saber cuándo ser autoritario y cuándo saber escuchar. Encontrar este equilibrio ayuda a crear un entorno que defiende los valores y garantiza la estabilidad, fomentando el crecimiento y el éxito. Tanto si eres el capitán de un barco como el líder de un equipo, recuerda dirigir con convicción y escuchar con la mente abierta. Profundicemos en cómo transmitir con éxito los valores de una generación a otra.

Por lo que hemos aprendido sobre cómo encontrar el equilibrio en nuestras vidas, una de las formas más eficaces de transmitir valores es a través de la demostración personal, predicando con el ejemplo. Los niños y los miembros más jóvenes de la familia suelen aprender observando las acciones y comportamientos de sus mayores. La coherencia entre tus palabras y tus acciones es crucial. Por lo tanto, es esencial vivir su vida de acuerdo con los valores que desea inculcar a la próxima generación. Al hacerlo, puedes inspirar y guiar a las generaciones más jóvenes hacia una vida más virtuosa y plena.

Inculcar valores a las nuevas generaciones es crucial para la mejora de la sociedad, y contar historias y anécdotas son herramientas poderosas que pueden ayudar en este sentido. Las historias personales, las anécdotas familiares o los relatos de la cultura o el patrimonio pueden servir para ilustrar el significado de determinados valores. Las narraciones tienen la capacidad de hacer que los valores sean relacionables y memorables. Por lo tanto, es importante crear un entorno de comunicación abierta y honesta dentro de la familia o la comunidad, en el que puedan tener lugar debates sobre valores, creencias y dilemas éticos. Las tradiciones y rituales familiares también son esenciales para reforzar los valores. Ofrecen oportunidades para practicar los valores y reforzar los lazos familiares al tiempo que promueven la positividad. Estas tradiciones pueden ser cualquier cosa, desde el voluntariado en familia o la celebración de festivales culturales, hasta la participación en actos de bondad. Estos rituales ayudan a consolidar la importancia de los valores en nuestra vida cotidiana y a inculcarlos a las generaciones futuras. El voluntariado en familia, por ejemplo, no sólo enseña el valor de devolver algo a la comunidad, sino también la importancia del altruismo y la empatía. Celebrar festivales culturales nos permite conocer otras culturas, respetar la diversidad y promover la inclusión. Del mismo modo, participar en actos de bondad, como donar a obras benéficas, ayudar a los necesitados o simplemente ser amable con los demás, refuerza los valores de compasión, amabilidad y generosidad.

Por lo tanto, crear y practicar tradiciones familiares que giren en torno a valores es esencial para promover comportamientos positivos y forjar un futuro mejor para nosotros y las generaciones venideras. A través de estas tradiciones y rituales creamos recuerdos que duran toda la vida, fortalecemos nuestros vínculos y reforzamos la importancia de los valores en nuestra vida cotidiana.

Para fomentar una generación capaz de pensar críticamente sobre sus propios valores y sus implicaciones más amplias, es crucial fomentar una cultura de indagación, expresión de opiniones y exploración del razonamiento que subyace a determinados valores. Este proceso de pensamiento crítico permite a los individuos interiorizar los valores de forma auténtica en lugar de adherirse a ellos como edictos incuestionables. Desentrañar el razonamiento y las implicaciones de diversos valores permite a los jóvenes adquirir una comprensión más profunda de su mundo y de los valores que lo conforman, equipándoles para afrontar complejos retos éticos y tomar decisiones que resuenen con sus propios valores y principios.

En el tapiz de nuestras vidas, diversos valores influyen en nuestros pensamientos, acciones y comportamientos, acompañados de expectativas y límites inherentes. Es imperativo articular y compartir los comportamientos y acciones que están en consonancia con los valores de la familia o la comunidad. Aclara la conducta que se espera de cada miembro, fomentando un entorno en el que las expectativas son claras y la responsabilidad se mantiene cuando esas expectativas fallan. Esto es fundamental para fomentar un entorno sano y positivo, ya que mantiene a las personas conscientes de las ramificaciones de sus acciones y fomenta comportamientos congruentes con los valores familiares o comunitarios.

La reflexión y la adaptación son indispensables a medida que evolucionan la sociedad y la cultura, lo que puede modificar los valores que apreciamos. Es vital evaluar periódicamente la relevancia y el significado de los valores que transmitimos, y estar abiertos a adaptarlos sin perder de vista los principios fundamentales que representan. Esta vigilancia y flexibilidad garantizan la transmisión de valores que siguen siendo pertinentes y significativos en tiempos de cambio. Este proceso continuo de transmisión de valores abarca generaciones, exige autorreflexión, diálogo y dedicación para vivir en armonía con los propios valores. Da lugar a un discurso sobre las mejores prácticas para que las familias y las comunidades mantengan y enriquezcan sus preciados valores, fortaleciendo así el tejido ético y moral de la sociedad. La unidad familiar es el cimiento de la sociedad, y unos valores familiares sólidos son la piedra angular de unas estructuras familiares armoniosas y resistentes. Estos valores guían los comportamientos, refuerzan las relaciones e infunden un sentido de propósito y pertenencia. Forjar valores familiares sólidos es un esfuerzo consciente y continuo que requiere intencionalidad, diálogo y dedicación. La formulación de estos valores comienza con la identificación y definición de las creencias y principios fundamentales de su familia, como la honestidad, el respeto, la empatía, la responsabilidad, la amabilidad y la fe.

Las familias son distintas y reflejan sus antecedentes culturales, religiosos e individuales únicos, por lo que la transmisión de valores a las generaciones venideras es esencial para la creación de unidades y comunidades familiares cohesionadas y fuertes. Embarcarse en este viaje implica reflexionar detenidamente y definir los valores fundamentales que aspiras a propagar: principios como la honestidad, la integridad, la empatía, el respeto, la amabilidad y la responsabilidad. Reflexione sobre las creencias y tradiciones que le han dado forma, con el objetivo de tejer estos valores en el tejido cotidiano de la vida, preservando y defendiendo así activamente los valores que sustentan el bienestar de su familia o comunidad.

La clave para inculcar valores familiares reside en una comunicación abierta y veraz. Fomente el diálogo familiar para expresar el significado de cada valor y su correlación con la identidad y los objetivos de su familia. Fomente el sentido de pertenencia y comprensión invitando a todos los miembros de la familia a hacer preguntas y aportaciones.

Reforzar los valores familiares también puede ser un proceso unificador y agradable mediante el establecimiento de tradiciones que reflejen sus valores. El voluntariado en familia, por ejemplo, no sólo beneficia a la comunidad, sino que cultiva la empatía y la responsabilidad. Estas tradiciones crean recuerdos duraderos y refuerzan sus valores.

Los valores no se manifiestan como meros conceptos abstractos, sino como la encarnación viva de la identidad de una familia. Por lo tanto, delinear acciones y comportamientos que reflejen los valores de su familia establece expectativas y límites claros. La defensa de estos principios garantiza la preservación de la identidad única de su familia.

La empatía y el respeto son fundamentales para unos sólidos cimientos familiares, donde la comprensión y la relación con los sentimientos y perspectivas de los demás son primordiales. Fomente el diálogo respetuoso, la escucha atenta y la resolución pacífica de los conflictos, creando un entorno enriquecedor en el que todos los miembros se sientan escuchados y valorados.

Celebrar los comportamientos que reflejan los valores familiares refuerza estos principios. Reconocer y aplaudir acciones concretas que ejemplifiquen sus valores motiva la adhesión continuada a estas normas y las integra más plenamente en la vida cotidiana.

Además, el camino hacia el establecimiento de unos valores familiares sólidos no debe emprenderse de forma aislada. Buscar la sabiduría de mentores, consejeros o líderes espirituales puede ofrecer apoyo y perspicacia. Relacionarse con familias afines fomenta un sentimiento común de pertenencia. Estos esfuerzos deliberados y sostenidos por cultivar los valores familiares dejan un legado de orientación moral, resistencia, unidad y amor, que beneficia no sólo a la familia, sino a la sociedad en general.

Los valores fundamentales son las creencias esenciales que definen nuestra esencia, influyen en nuestro comportamiento y nos guían en la toma de decisiones a lo largo de nuestra vida personal y profesional. Como brújula de nuestra conciencia, estos valores dirigen nuestras interacciones, nuestras opciones vitales y nuestra forma de afrontar situaciones difíciles. Aunque los valores fundamentales pueden diferir mucho entre individuos, familias o culturas, fomentan universalmente la confianza a través de la honestidad, crean relaciones significativas a través de la compasión y la empatía, y sustentan la toma de decisiones éticas y la responsabilidad, especialmente en situaciones difíciles. Vivir de acuerdo con nuestros valores fundamentales enriquece nuestras vidas, refuerza nuestros vínculos y apoya nuestras ambiciones, proporcionándonos la confianza y la estabilidad necesarias para afrontar los altibajos de la vida con nuestras creencias y principios como guías inquebrantables.

La integridad, como valor fundamental, es la encarnación de la honradez y la fortaleza moral. Es un rasgo que inspira confianza, refuerza las relaciones y mejora la reputación, contribuyendo al progreso personal y profesional. La integridad genera confianza y refuerza los vínculos personales y profesionales. También forja una reputación positiva, abriendo puertas a nuevas oportunidades y fomentando interacciones sociales positivas. Además, vivir una vida íntegra ofrece tranquilidad interior, evitándonos la confusión asociada al engaño y a la violación de los códigos morales. En definitiva, la integridad es la piedra angular de una vida gratificante, que refuerza la confianza, la reputación y la paz interior.

La honradez, pilar del valor fundacional, exige verdad y franqueza en todas las interacciones. La honestidad va más allá de decir la verdad; se trata de vivir una vida anclada en principios éticos. La honestidad es la base de la confianza, que sienta las bases de relaciones profundas y duraderas. También alivia el estrés al obviar la necesidad de mantener una fachada, promoviendo así la calma y la paz interiores. Además, la honestidad forma parte integral de la toma de decisiones éticas, permitiendo a las personas tomar decisiones con confianza, sabiendo que reflejan integridad, equidad y justicia. En resumen, la honestidad enriquece la vida al fomentar la confianza, minimizar el estrés y apuntalar las decisiones éticas, reforzando las relaciones sólidas y los valores de la comunidad. El respeto, un valor inconmensurable, implica tratar a los demás con amabilidad, consideración y estima. Es fundamental para las interacciones humanas positivas, y conduce a entornos en los que las personas se sienten estimadas, escuchadas y reconocidas.

Demostrar respeto puede mejorar significativamente las relaciones, crear una base para la confianza y fomentar la comunicación amistosa. También es crucial en la resolución de conflictos, permitiendo que los desacuerdos se traten con gracia y con resultados constructivos. Además, el respeto es sinónimo de inclusividad, ya que acoge la diversidad y promueve el trato equitativo, construyendo así la unidad y el sentido de pertenencia. Por lo tanto, el respeto es indispensable para fomentar interacciones positivas, resolver conflictos de forma amistosa y defender la inclusión.

La responsabilidad consiste en rendir cuentas de nuestros actos y cumplir nuestras obligaciones a conciencia. Apuntala el desarrollo personal, ya que reconocer nuestros errores nos lleva a aprender y mejorar. Quienes asumen la responsabilidad son considerados dignos de confianza y respetables, y suelen mostrar una gran capacidad para resolver problemas y un enfoque proactivo a la hora de tomar decisiones. Este rasgo es esencial para resolver problemas de forma eficaz y oportuna. En esencia, la responsabilidad forma el carácter de una persona a través de la rendición de cuentas y la disciplina, lo que la convierte en un componente clave de la integridad personal y el respeto social.

La empatía es un valor especialmente potente que nos permite comprender y compartir los sentimientos de los demás.

Profundiza nuestras conexiones, ofreciendo un apoyo emocional que puede solidificar las relaciones hasta convertirlas en algo sólido y genuinamente enriquecedor. La empatía también es indispensable en la resolución de conflictos, ya que fomenta la comprensión y el compromiso, lo que permite descubrir puntos en común y alcanzar soluciones pacíficas. Una sociedad que tiene en alta estima la empatía es intrínsecamente más compasiva e integradora, ya que reconoce y responde a la humanidad común que nos une a todos.

La compasión, esa empatía instintiva por el sufrimiento ajeno, irradia hacia el exterior, obligándonos a actuar para aliviar el dolor. Nos impulsa a ser bondadosos, ya sea con grandes gestos o con actos sencillos, lo que refuerza nuestro sentido del propósito y nuestro bienestar emocional. La compasión fomenta la tolerancia y reduce los prejuicios, permitiéndonos ver más allá de nuestras diferencias y aceptar la diversidad, lo que conduce a una sociedad en la que todos son valorados y respetados.

La perseverancia, la búsqueda constante de objetivos frente a la adversidad, fomenta los logros, nutre la resiliencia y refuerza la autoeficacia. No se trata simplemente de aguantar, sino de persistir con un propósito claro y un compromiso inquebrantable con los propios objetivos. Esta tenacidad no sólo conduce a la realización de las ambiciones, sino que también fortalece el espíritu, preparándonos para afrontar los inevitables retos de la vida con un optimismo robusto y duradero.

La gratitud, el reconocimiento sincero de lo bueno que experimentamos, es transformadora. Practicar la gratitud con regularidad enriquece nuestras vidas y mejora nuestro bienestar físico y emocional. Fomenta las relaciones positivas y refuerza los vínculos que nos unen a los demás. La gratitud también sirve como baluarte contra la marea de problemas de salud mental, contribuyendo a una vida marcada por la satisfacción y una mente serena.

Estos valores básicos -integridad, honestidad, respeto, responsabilidad, empatía, compasión, perseverancia y gratitud- no son meras palabras, sino la esencia misma de nuestro carácter. Forman nuestra identidad, guían nuestras acciones e influyen en el legado que dejamos. Al abrazar estos valores, no sólo mejoramos nuestras propias vidas, sino que también contribuimos a crear un mundo más comprensivo, amable y resistente. Estos valores nos unen unos a otros, fomentando un sentido compartido de humanidad y una búsqueda colectiva del bien común.

Adoptar estos valores tiene un efecto dominó en nuestras relaciones, nuestra salud mental y las comunidades en las que vivimos. Por ejemplo, la honradez y la integridad fomentan la confianza, que es fundamental para unas relaciones sanas. La empatía y la compasión nos permiten conectar con los demás a un nivel más profundo y construir comunidades fuertes y solidarias. La responsabilidad y la perseverancia nos ayudan a alcanzar nuestros objetivos y a superar los retos de la vida con resiliencia y determinación.

La práctica de los valores fundamentales es una elección personal y una poderosa fuerza para el cambio positivo en la sociedad. Cuando vivimos según nuestros valores y los modelamos para los demás, inspiramos a otros a hacer lo mismo, creando una cultura de amabilidad, compasión y respeto. En última instancia, la práctica de los valores fundamentales tiene el potencial de transformar la sociedad, haciéndola más armoniosa, equitativa y compasiva para todos.

Manifestación de valores fundamentales:

Los valores sirven como teselas de colores que nos unen a todos, produciendo una hermosa fuente de interconectividad e impacto, similar a la idea filosófica del karma, en la que nuestras acciones resuenan en todo el cosmos. Echemos un vistazo a un encantador y encantador pueblo enclavado entre ondulantes colinas, donde cada amanecer pinta el paisaje con brillantes colores. En este encantador refugio vivía Grace, una señora de sonrisa brillante que era algo más que un simple miembro normal de la comunidad; era una magnífica fuerza de buena voluntad, una encarnación viviente de la compasión y la empatía.

Un joven llamado Jack llegó al pueblo un día afortunado, atraído por la belleza y la sencillez de la vida. Jack era un viajero, un forastero en la zona, agobiado por el peso de los continuos retos de la vida y en busca de un lugar al que llamar hogar. Sus experiencias anteriores le habían vuelto desconfiado, receloso y precavido, obligándole a mantener una distancia emocional con la gente. Pero el destino quiso que el camino de Jack se cruzara con el de Grace, y fue en la calidez de su sonrisa donde descubrió un rayo de esperanza.

Grace poseía un don extraordinario: el poder de la compasión inquebrantable, que había desarrollado a lo largo de toda una vida de actos desinteresados de bondad. Creía en el poder de los actos de bondad modestos y desinteresados y en el efecto dominó que pueden tener. Tendió una mano de amistad y comprensión a Jack, ofreciéndole el calor de una sonrisa sincera y el oído atento de un espíritu bondadoso, con la esperanza de iluminar su camino como él había iluminado el suyo. Grace sólo pidió una cosa a cambio: "Retribuye esta amabilidad cuando tengas la oportunidad". Al principio, Jack se sintió confundido por esta generosidad inusual, ya que se había acostumbrado a un mundo en el que la buena voluntad a menudo venía acompañada de condiciones. No entendía por qué alguien se mostraba tan desinteresadamente generoso sin esperar nada a cambio. Observó atentamente las actividades y conversaciones de Grace, intentando comprender el origen de sus ideales. Notó su firme integridad en cada elección, su honestidad en cada palabra pronunciada y su gran respeto por todos los seres humanos, independientemente de su posición en la vida, que asimiló como un estudiante diligente.

A medida que los días se convertían en semanas y las semanas en meses, comenzó a producirse un cambio notable en el interior de Jack. El ADN de Grace se infundió con una parte de Ángel. Los principios de Grace empezaron a filtrarse en su corazón como una corriente tranquilizadora, y se sintió como si le bañara el calor del sol tras un largo y duro invierno. Las olas de su simpatía y amabilidad penetraron profundamente en su interior, socavando suavemente las capas de cinismo y desconfianza que había mantenido durante tanto tiempo. Jack no aceptó los principios de Grace porque tuviera que hacerlo; lo hizo porque sinceramente lo deseaba.

Jack absorbió los ideales de Grace y los hizo suyos. Su cambio fue gradual pero significativo, similar a cómo una flor florece lenta pero brillantemente. Él, como Grace, se convirtió en una luz de benevolencia en la comunidad.

Él también empezó a dar una cálida bienvenida a los recién llegados, proporcionándoles la misma calidez y comprensión que él había recibido, reconociendo que un acto de bondad puede transformar a menudo la vida de alguien. También él llegó a creer en el tremendo potencial de los simples actos de bondad para iluminar el mundo, de forma similar a como una vela ilumina una habitación oscura, eliminando las sombras de la duda y la desesperación.

El efecto dominó persistió, creando un círculo de generosidad en constante expansión que trascendió el tiempo y el lugar. Los que se vieron afectados por los nuevos ideales de Jack cambiaron. Ellos también empezaron a mostrar bondad y compasión hacia los demás, provocando una poderosa reacción en cadena, una sinfonía benévola que llenó la ciudad de paz y amistad. Era como una sinfonía benévola, en la que los valores de una persona podían orquestar el cambio de toda una comunidad, una hermosa canción de conexión humana que resonaba con cada acto de bondad, similar a la armonía de una sinfonía bien orquestada. La aldea, que antes se definía por un sentimiento de separación y aislamiento, era ahora un lugar donde los vecinos se cuidaban unos a otros, los forasteros eran recibidos con los brazos abiertos y la amabilidad se había convertido en la moneda de cambio de la comunidad.

Era una comunidad donde las barreras que dividían los corazones se habían derrumbado y se habían construido puentes de conexión, un lugar donde cada sonrisa y cada acto de bondad se convertían en testigos del poder de los ideales para lograr cambios a largo plazo. La bondad, la compasión y la buena voluntad fluyeron de un corazón a otro en esta historia, como el concepto de karma, donde cada acción y cada gesto desencadenaron una reacción en cadena que acabó transformando la ciudad y las vidas de sus habitantes, dejando una huella indeleble en la conciencia colectiva de la comunidad. Esta historia es un recordatorio conmovedor de que nuestros valores son algo más que características personales; tienen el extraordinario poder de moldear el mundo que nos rodea, creando un karma de bondad que puede tocar las vidas de muchos, como las suaves ondas de un estanque que se extienden mucho más allá de su origen, llevando el mensaje de buena voluntad a las orillas más lejanas.

En esta sección, a medida que nos acercamos al final de nuestra expedición, nos encontramos en la intersección de una visión profunda. Estos ideales rectores, o valores fundamentales, no son meras ideas teóricas; constituyen la piedra angular de nuestra moralidad. Funcionan como brújulas de nuestras actitudes, comportamientos y creencias, sobre todo cuando nos enfrentamos a problemas morales. La integridad, la honradez, el respeto, la responsabilidad, la empatía, la compasión, la perseverancia, el agradecimiento y la integridad sientan las bases de un proceso transformador que afecta al mundo y a nosotros mismos.

La esencia del desarrollo del carácter

Adoptar estos valores fundamentales representa una elección consciente y deliberada para moldear la mejor versión de nosotros mismos. La integridad se erige en centinela, vigilando nuestras acciones para garantizar que actuamos siempre con honradez de principios, incluso cuando el camino se ve oscurecido por los retos y la adversidad. La honradez, que a menudo va más allá de la mera veracidad de las palabras, exige un compromiso sincero con acciones y hechos veraces. El respeto, un principio fundamental, nos insta a reconocer el valor y la dignidad de cada individuo, independientemente de su posición en la vida. La responsabilidad nos obliga a hacernos cargo de nuestros actos y a aceptar las consecuencias que conllevan.

La empatía, semejante a una radiante estrella guía, nos invita no sólo a comprender, sino también a preocuparnos de verdad por las emociones y perspectivas de los demás. La compasión, la fuerza vital de la amabilidad y la benevolencia, garantiza que nuestras acciones estén impregnadas de calidez y preocupación, reflejando nuestra comprensión de las luchas y alegrías de quienes nos rodean. Perseverancia, la llama inquebrantable de la determinación, nos impulsa a persistir ante la adversidad y los contratiempos, demostrando nuestro compromiso inquebrantable con nuestros objetivos. La gratitud, un profundo agradecimiento por las bendiciones y oportunidades que se nos han concedido, ilumina nuestro camino y nos recuerda la belleza que nos rodea. Adoptar estos valores fundamentales tiene un profundo efecto dominó que resuena a través del intrincado tapiz de nuestras vidas. Su influencia se extiende a nuestras relaciones, a nuestro bienestar mental y a las comunidades en las que residimos. La honradez y la integridad, por ejemplo, fomentan la confianza, piedra angular de unas relaciones sanas y sólidas. La empatía y la compasión, a su vez, facilitan conexiones profundas con los demás, formando los cimientos de comunidades fuertes y solidarias. La responsabilidad y la perseverancia nos capacitan para superar los retos de la vida con resiliencia y determinación inquebrantable, demostrando a quienes nos rodean la importancia de la perseverancia. La práctica de los valores fundamentales trasciende la teoría; es una elección personal que ejerce el poder de instigar un cambio positivo en la sociedad. Cuando defendemos nuestros valores y somos la encarnación viviente de sus principios, nos convertimos en faros de inspiración para que otros sigan nuestro ejemplo. Al hacerlo, creamos una cultura caracterizada por la amabilidad, la compasión y el respeto. Esta transformación, facilitada por la práctica de los valores fundamentales, tiene el potencial de extenderse por toda la sociedad, fomentando la armonía, la equidad y la compasión para todos.

Estas estrellas que nos guían por los intrincados caminos de la vida no son sólo las piedras angulares de nuestro carácter, sino también los pilares de nuestras acciones. Significan más que marcas de nuestra identidad; son faros que pueden iluminar los caminos de quienes caminan a nuestro lado. Al adoptar estos valores fundamentales, nos convertimos en la mejor versión de nosotros mismos, contribuyendo a hacer del mundo un lugar mejor para las generaciones venideras. A medida que avanzamos por los serpenteantes senderos de la vida, dejemos que nuestros valores fundamentales sirvan como constelaciones que nos guíen, garantizando que dejamos un legado impregnado de empatía, integridad y bondad.

Conclusión

Al concluir nuestros capítulos a través de las páginas de "Navegando a través del tiempo", me siento agradecido por nuestro viaje y esperanzado de que esta experiencia haya merecido la pena. Este viaje ha sido una profunda exploración de la sabiduría humana, la fe y la prudencia financiera, que nos ha guiado a través de los corredores del tiempo.

Nuestra búsqueda comenzó con el simple deseo de descubrir el escurridizo tesoro de la sabiduría. Al embarcarnos en este viaje, descubrimos que la sabiduría, lejos de ser una antigua reliquia confinada a los anales de la historia, es una entidad dinámica y en constante evolución. No es dominio exclusivo de eruditos o filósofos, sino un faro que guía a todo individuo dispuesto a embarcarse en el viaje de la introspección, la apertura mental y el aprendizaje permanente.

En los primeros capítulos de nuestra narración, exploramos la importancia de la filosofía como portadora de la antorcha de la sabiduría. Fuimos testigos de cómo la filosofía no está separada de la vida cotidiana, sino que forma parte intrínseca de ella. Analizamos nuestra existencia, acciones y elecciones morales a través de un prisma. A través de la filosofía, descubrimos que la sabiduría no consiste sólo en poseer conocimientos, sino en la sagacidad de aplicarlos para llevar una vida con sentido. Aprendimos que la sabiduría no está confinada a unos pocos elegidos; es accesible a todos los que estén dispuestos a embarcarse en un viaje de auto-descubrimiento a lo largo de toda la vida. Es la brújula que guía nuestras decisiones morales y nos ayuda a navegar por las complejidades de la existencia. La sabiduría no es estática; es una compañera constante, que evoluciona y crece a medida que viajamos en el tiempo. Nuestra exploración continuó al adentrarnos en el intrincado terreno de la fe. Descubrimos que la fe no se limita a las creencias religiosas, sino que abarca la confianza en uno mismo, en los propios valores y en los profundos misterios de la existencia. La fe es el hilo invisible que teje nuestras vidas, conectando nuestros sueños, aspiraciones y acciones. Además, somos testigos de su impacto en el espíritu humano. La fe nos sostiene en las horas más oscuras, alimentando la esperanza que nos lleva a través de la adversidad. La creencia inquebrantable en las posibilidades nos da el valor para seguir adelante.

Comprendimos que la fe es la linterna que nos guía por el laberinto de la existencia, arrojando su luz sobre los rincones más oscuros de la desesperación. El viento bajo nuestras alas nos impulsa a alturas que antes considerábamos inalcanzables. La fe no es sólo un concepto espiritual, sino una fuerza que nos impulsa a superar retos y a abrazar lo desconocido. La llave abre la puerta a una vida llena de propósito y plenitud.

En el centro de nuestra narración, hablamos del intrincado mundo de la sabiduría financiera. Aquí, reconocemos que la sabiduría financiera no consiste sólo en acumular riqueza, sino en comprender la profunda interacción entre nuestras decisiones financieras y la calidad de nuestras vidas. Aprendimos que la sabiduría financiera crea una base segura para nuestros sueños a la vez que deja un legado duradero para las generaciones futuras.

Los capítulos dedicados a la sabiduría financiera exploraron la importancia de las inversiones tempranas y la planificación integral. Comprendimos la importancia de tomar decisiones financieras acertadas a una edad temprana, decisiones que se extienden a lo largo del tiempo para asegurar nuestro futuro. Descubrimos que la sabiduría financiera no consiste simplemente en gestionar el dinero, sino en gestionar la vida. Estos capítulos nos muestran que no es un fin, sino un medio para alcanzar un fin. Es el medio para una vida llena de opciones, experiencias y oportunidades. La sabiduría financiera es el instrumento que nos permite vivir la vida a nuestro antojo, sin las cadenas de la inseguridad financiera.

Otra faceta de nuestra expedición nos llevó a la importancia de alimentar las relaciones para toda la vida. Descubrimos que estas conexiones son los hilos que tejen el intrincado tapiz de nuestra existencia. Reflejan nuestro viaje y nos recuerdan nuestra experiencia humana común. Al estudiar la sabiduría de cultivar las relaciones de por vida, descubrimos la importancia de ser buenos con los que nos rodean. Reconocemos que la influencia y los recuerdos que creamos son nuestros activos más valiosos. En estos ecos de nuestras acciones, descubrimos nuestro legado, que trasciende nuestra existencia.

Entendemos que cultivar las relaciones es una convención social y un acto profundo que da forma a nuestro mundo. Es el acto de tender la mano a nuestros compañeros de viaje, creando conexiones que perduran más allá de nuestras historias individuales. Nuestro viaje, querido lector, trasciende los límites del mero conocimiento; es una profunda búsqueda de la plenitud. Nos embarcamos en esta expedición con un doble propósito: comprender estos elementos vitales de la vida e integrarlos en nuestra existencia cotidiana. En estas páginas, desenterramos los tesoros de la sabiduría, la fe y la estabilidad financiera, no como conceptos teóricos, sino como elementos vivos que respiran en nuestras vidas. Descubrimos que la plenitud no es un sueño lejano, sino una realidad presente. No es un objetivo difícil de alcanzar, sino una elección diaria. Ahora que nos despedimos, les insto a que se lleven este pensamiento. La verdadera riqueza no se mide únicamente en cuentas bancarias o posesiones materiales. La riqueza de la que hablamos es la sabiduría para tomar las decisiones correctas, la fe para confiar en el camino, por tumultuoso que sea, y la estabilidad financiera para hacer realidad tus sueños. Es la riqueza de la comprensión, la compasión y la capacidad de dejar un impacto duradero en el mundo.

Para terminar, les expreso mi más profunda gratitud por haber compartido conmigo este extraordinario viaje. Que las lecciones que hemos descubierto iluminen tu camino mientras navegas por los vericuetos de la vida. El verdadero objetivo no es sólo comprender estos principios, sino interiorizarlos y vivirlos, convirtiéndote en el autor de tu destino.

Este no es el final de tu viaje, sino un nuevo comienzo. Al cerrar el libro, recuerda que tu historia persiste. Llena cada página con la sabiduría de tus experiencias, la fe en tu viaje y la prudente gestión de tus finanzas. Deja tras de ti un legado de amor, comprensión y profunda sabiduría, pues estos tesoros trascienden las garras del tiempo. Nuestra expedición juntos puede llegar a una pausa con las últimas páginas de este libro, pero tu viaje por la vida es un proceso interactivo continuo. La sabiduría que has complementado, la fe que has alimentado y la prudencia financiera que has encauzado serán tus compañeras, guiándote por cada recodo, iluminando los rincones más oscuros e impulsándote hacia nuevas alturas. En la narrativa de la existencia, tú eres el autor de tu historia. Cada día es una página en blanco, esperando a ser llenada con la sabiduría de tus experiencias, la fe en tu viaje y el dominio de tus finanzas. Tu legado, los valores que transmites, eclipsarán cualquier riqueza material. Recuerda, cada día es un regalo, una oportunidad para escribir tu historia.